STUFE

Mittagessen	Zwischenmahlzeit	Abendessen
1. Gemüsebrei mit Erweiterung um Stärkebeilage, Fleisch und Getreideflocken	Muttermilch/Säuglingsmilch	Muttermilch/Säuglingsmilch
Gemüsebrei mit Erweiterung um Stärkebeilage, Fleisch und Getreideflocken, nach dem 6. Monat um Fisch und Ei	Milch-Getreide-Brei (auch morgens oder abends möglich)	Muttermilch/Säuglingsmilch
stückiger Gemüsebrei mit Erweiterung um Stärkebeilage, Fleisch und Getreideflocken, nach dem 6. Monat um Fisch und Ei	Getreide-Obst-Brei	Milch-Getreide-Brei (auch morgens möglich)
Mittagsmahlzeiten an die Großen annähern	Brotscheibe mit Butter, Obst in Scheibchen, auch morgens oder abends möglich	Milch-Getreide-Brei (auch morgens möglich)
Mittagsmahlzeit wie die Großen	Obst	Brot mit Butter und dünnem Belag, Kuhmilch zum Trinken

1

2

3

4

Anne Iburg kocht schon seit ihrer Kindheit leidenschaftlich gerne. Mit der Ausbildung zur Diätassistentin und einem anschließenden Studium der Oecotrophologie machte sie die Ernährung zu ihrem Beruf. Mit Söhnchen Niels hielten dann die Babybreie Einzug in ihre Küche: Mit Lust und Fantasie wurde ausprobiert, was den Kleinen schmeckt, bekommt und gesund ist. Anne Iburg lebt und arbeitet als Food-Journalistin in Kaiserslautern.

Anne Iburg

Die besten Breie für Ihr Baby

Der geniale Breifahrplan

TRIAS

● Stufe 1
Nach dem 4. Monat

● Stufe 2
Nach dem 5. Monat

An die Breie – fertig – los!

Das Baby ist da und Sie stillen oder geben das Fläschchen mit Säuglingsanfangsnahrung. Das kann zwar stressig sein, aber das Stillen und die Zubereitung der Säuglingsmilch an sich sind einfach. Sie müssen sich nicht allzu viel Gedanken um das Essen Ihres Neugeborenen machen.

Doch nach dem 4. Lebensmonat kann das Zufüttern beginnen. Viele Eltern sind unsicher und ihnen fällt der erste Schritt des Beifütterns schwer. Das ist ganz normal. Vor Umstellungen haben wir alle Angst. Auch für das Baby ist es etwas ganz Neues, nun Breiiges zu essen. Manche Babys sind neugierig und wollen bereitwillig feste Nahrung probieren und das für sie neue Geschmackserlebnis und Mundgefühl entdecken.

Jedoch können und sollen Babys noch nicht alles essen. Die Einführung bestimmter Lebensmittelgruppen in den Speiseplan Ihres Kindes ist für die optimale körperliche und geistige Entwicklung besonders wichtig.

Mit diesem Buch möchte ich Sie ermutigen und Ihnen die Einführung der Beikost so leicht wie möglich machen. Mit dem übersichtlichen farbigen 4-Stufen-Plan in diesem Buch gelingt Ihnen das mit Sicherheit ganz leicht. Die vielen praktischen Tipps und kindgerechten Rezepte, die über die Breikost hinausgehen, bringen hoffentlich viel Spaß und Freude am Kochen. Liebevoll zubereitete Breie sind ein großartiges Geschmackserlebnis für Ihr Baby.

Viel Spaß beim Kochen und Füttern wünscht Ihnen

Anne Iburg

An die Breie – fertig – los!

Wir zeigen Ihnen, wie die optimale Ernährung Ihres Kindes aussieht und wie die Breizeit für Sie und Ihr Baby schön wird.

Was Ihr Baby jetzt braucht

Was für die Entwicklung und das Wachstum Ihres Babys jetzt wichtig ist, was es gerne isst und welche Lebensmittel noch nicht geeignet sind, das erfahren Sie hier.

Das Zufüttern beginnt

Nach den ersten Monaten des Stillens oder Fläschchengebens ist es nun so weit: Irgendwann nach dem 4. Monat darf Ihr Baby feste Nahrung bekommen. Milch alleine reicht spätestens nach dem 6. Monat nicht mehr als einzige Nahrungsquelle aus. Doch wann ist genau der Zeitpunkt gekommen?

Nach dem 4. Monat dürfen Sie nach neuesten Empfehlungen für allergiegefährdete sowie gesunde Babys mit der Beikost beginnen. Selbst wenn es in Ihrer Familie Allergien, Heuschnupfen oder Neurodermitis gibt, soll das Zufüttern nach dem heutigen Kenntnisstand frühestens mit Beginn des 5. Monats, spätestens mit Beginn des 7. Monats starten. Die neusten Richtlinien zur Allergieprävention sehen in restriktiven Diäten keine Vorteile, sondern halten einen frühzeitigen Kontakt mit Nahrungsmitteln für einen besseren Präventivansatz als ein langes Hinauszögern. Spätestens nach dem 6. Monat ist das Zufüttern aus Sicht deutscher Wissenschaftler unumgänglich, da sonst Ihr Baby nicht alle Nährstoffe in ausreichender Menge erhält.

Ihr Bauchgefühl und die physiologische Reife Ihres Babys entscheiden,

wann Sie innerhalb dieses Zeitraums mit dem Zufüttern beginnen. Organisationen wie das Netzwerk »Gesund ins Leben« empfehlen das volle Stillen bis einschließlich 6. Monat, um der Babynahrungsindustrie, die ein Interesse an möglichst frühem Zufüttern hat, entgegenzuwirken. Es gibt keinen wissenschaftlich gesicherten Zeitpunkt. Ernährungswissenschaftlich gesehen ist die Darmflora des Säuglings nach dem 4. Monat ausreichend ausgereift und das Baby kann auch sein Köpfchen halten. Um eine Eisenunterversorgung zu verhindern, sollten Sie spätestens nach dem 6. Monat mit dem Zufüttern beginnen. Ein alleiniges Stillen über

den 7. Monat bis zu einem Jahr hinaus bringt keinerlei Vorteile für das Baby. Doch wenn Sie sich dafür entscheiden, muss das nicht automatisch zu einer schlechten Nährstoffversorgung führen. Wissenschaftliche Studien spiegeln immer nur Mittelwerte. Sicherheitshalber sollten Sie den Eisenwert Ihres Säuglings überprüfen lassen. Doch Sie kennen Ihr Baby am besten und es verrät Ihnen in der Regel auch, wann es bereit für die Beikost ist. Es sind die kleinen versteckten Botschaften, die Sie sicherlich auch schon bei Ihrem Kind entdeckt haben.

- Ihr Baby beobachtet die Eltern und Geschwisterkinder aufmerksamer als zuvor beim Essen.
- Es nimmt seine Finger oder Dinge wie Spielzeug oder sein Spucktuch in den Mund.
- Manche Kinder zeigen auch schon auf die Lebensmittel und machen dazu freudige Geräusche. Sie brabbeln etwas vor sich hin, was Eltern gerne als Essenswunsch interpretieren.

Schrittweise wird nach den ersten Monaten des Stillens oder Fläschchengebens eine Milchmahlzeit durch eine Breimahlzeit ersetzt. Vor dem 4. Monat spucken Babys in der Regel reflexartig alles Feste aus.

Einführung der Beikost nach dem 4-Stufen-Plan

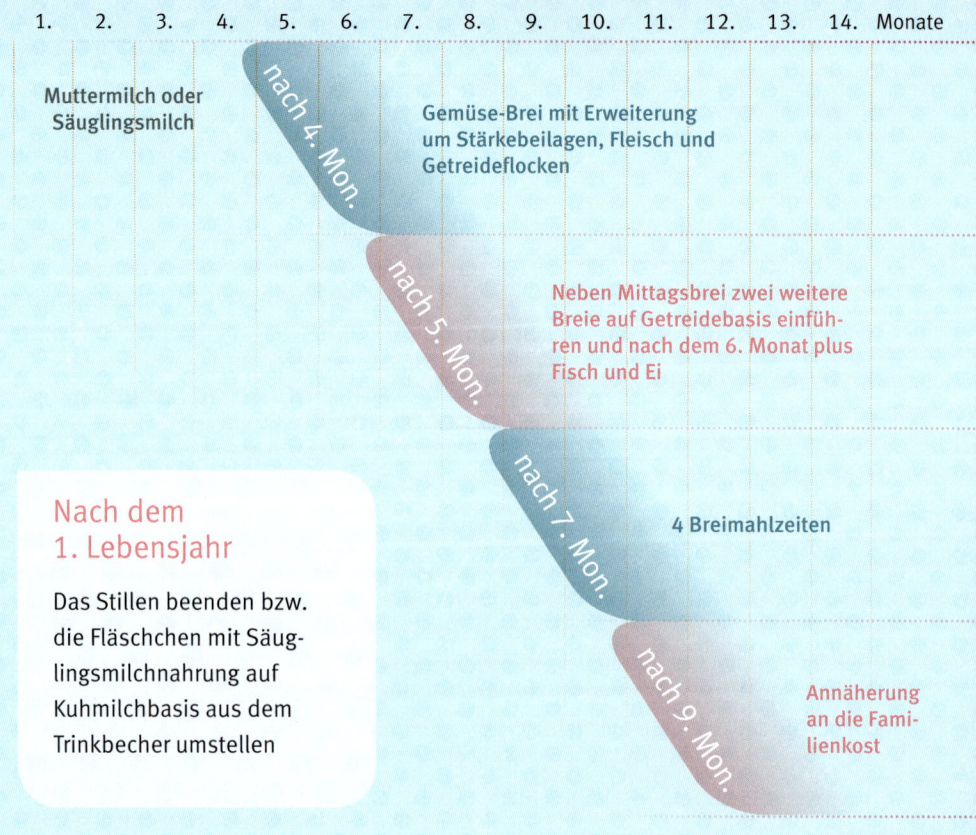

| 1. | 2. | 3. | 4. | 5. | 6. | 7. | 8. | 9. | 10. | 11. | 12. | 13. | 14. | Monate |

Muttermilch oder
Säuglingsmilch

nach 4. Mon.

Gemüse-Brei mit Erweiterung
um Stärkebeilagen, Fleisch und
Getreideflocken

nach 5. Mon.

Neben Mittagsbrei zwei weitere
Breie auf Getreidebasis einfüh-
ren und nach dem 6. Monat plus
Fisch und Ei

nach 7. Mon.

4 Breimahlzeiten

**Nach dem
1. Lebensjahr**

Das Stillen beenden bzw.
die Fläschchen mit Säug-
lingsmilchnahrung auf
Kuhmilchbasis aus dem
Trinkbecher umstellen

nach 9. Mon.

Annäherung
an die Fami-
lienkost

‹‹ WICHTIG: Kuhvollmilch ist bei der Herstellung des Getreide-Milch-Breis erlaubt und sinnvoll. Als Flaschenmilch wird aber weiterhin die industriell hergestellte Säuglingsmilchnahrung gegeben.

- Stillen oder Säuglingsanfangsmilch auf min. 4 bis 5 Mahlzeiten verteilt
- **Mittagszeit:** Gemüsebrei einführen und damit die Milchmahlzeit ersetzen
- Gemüsebrei um Stärkebeilage und Fleisch erweitern
- **NEU:** Das Kauen auf Brotrinde gilt als sinnvoll!

- Stillen oder Säuglingsanfangsmilch auf min. 3 bis 4 Mahlzeiten verteilen
- **Mittagszeit:** Fleisch-Gemüse-Brei
- **Morgen oder Nachmittag:** Eine Stillmahlzeit durch eine Getreide-

Milch-Mahlzeit oder Getreide-Obst-Brei ersetzen
- **NEU:** Ab dem 7. Monat ist ein Brei mit Fisch als Zutat gesund und erlaubt, auch gegen Ei spricht nichts!

- Stillen oder Säuglingsanfangsmilch auf min. 3 bis 4 Mahlzeiten verteilen
- **Mittagszeit:** Fleisch-Gemüse-Brei mit Stückchen; Milch-Getreide-Mahlzeit, Flocken oder Reis nicht pürieren; Ge-

treide-Obst-Brei, Obst stückiger lassen, Flocken und Reis nicht pürieren
- Brot, Zwieback, Banane, Apfelspalten oder Möhrensticks anbieten
- Wasser als Getränk einführen.

- Langsames Einführen in die Familienkost: Brot dünn mit Butter zum Frühstück oder Abendessen, als Zwischenmahlzeit Obst in Stückchen, Mittagsmahlzeit wie die Großen

Danach kann das Baby selbst seinen Kopf halten, und es hat somit keine Schwierigkeiten beim Schlucken der Breie.

Damit Ihr Baby optimal mit Nährstoffen und Energie versorgt ist, finden Sie hier den 4-Stufen-Plan. Mit jeder Stufe beginnt ein neuer Ernährungsabschnitt. Nach Ende des 4. oder spätestens des 6. Monats beginnt die Einführung der Beikost schrittweise – bis Ihr Kind mit 1 Jahr so essen kann wie die Großen.

Gemüsebrei zum Mittagessen

Zuerst wird nur die Mittagsmahlzeit ersetzt. In unserem Kulturkreis ist Möhrenbrei üblich. Im angloamerikanischen Raum ist der Süßkartoffelbrei weit verbreitet, und in Asien ist Reisbrei das erste »feste« Lebensmittel, das Babys nach der Milch kennenlernen. Die Umstellung von Milch auf feste Kost geht nicht von heute auf morgen. Das Baby muss nicht nur lernen, den Löffel anzunehmen und den Brei zu schlucken. Es hat auch das neue Geschmackserlebnis zu verarbeiten und sein Magen-Darm-Trakt muss sich auf die neue Art der Zufuhr von Nährstoffen einstellen.

Wöchentlich etwas Neues

Es ist nicht nur wichtig, das Kind langsam an die Menge der Beikost zu gewöhnen, sondern auch, die Lebensmittel langsam nacheinander und nicht auf einmal einzuführen. Für allergiegefährdete Kinder ist diese Regel noch wichtiger. Führen Sie in den ersten 4 Wochen nur jede Woche ein neues Lebensmittel ein. In der 1. Woche werden Sie vermutlich wie 99 Prozent aller Eltern mit Möhren anfangen, danach wird der Möhrenbrei mit Kartoffeln angereichert. Später kommen dann andere Gemüsesorten wie Zucchini, Kohlrabi, Kürbis, Fenchel, Süßkartoffeln und Pastinaken hinzu. Nach 4 Wochen können Sie den Zeitraum der Einführung eines neuen Lebensmittels verkürzen. Alle 3 bis 4 Tage kommt ein neues Lebensmittel in den Brei. Babys sind keine Gourmets, sie wollen keine Abwechslung und auch keine Gewürzvielfalt. Für die Kleinsten ist der natürliche Geschmack der Lebensmittel völlig ausreichend und aufregend genug.

Süßkartoffeln und Pastinaken

Möhren werden von einigen Meinungsführern als hochallergen eingestuft. Daher kursiert die Empfehlung, nicht mit Möhrenbrei zu beginnen. Pastinaken sowie Süßkartoffeln scheinen sich als Basis für neue Trendbreie durchzusetzen. Entscheiden Sie selbst, ob Sie mit Möhre oder Pastinake, Süßkartoffel oder einem anderem Gemüse beginnen. Ich persönlich meine, ein Brei aus frischen Bio-Möhren ist für das Kind besser als ein Brei aus runzeligen, überlagerten und somit vitaminarmen Pastinaken. Da die Wurzeln nur im Herbst Saison haben, sind sie nicht das ganze Jahr frisch erhältlich. Sie schmecken wie eine Kreuzung aus Möhre und Petersilienwurzel. Weil sie würziger schmecken, verweigern Babys Pastinaken häufiger als Möhren. Da Süßkartoffeln, wie der Name schon sagt, süß sind, werden sie

deshalb von den Babys meist akzeptiert. Sie haben wie Möhren viel ß-Carotin. Probieren Sie das aus, was Sie als das Beste für Ihr Baby halten! Jedes Baby ist anders und hat andere geschmackliche Vorlieben. Eine beliebte Alternative zu Möhren ist auch der Kürbis. Übrigens: Immer wieder berichten Eltern, dass Möhrenbrei stopft. Das Problem löst sich aber bei den meisten Babys, sobald Kartoffeln unter den Möhrenbrei gemengt werden. Zu Pastinaken, Süßkartoffeln und Kürbis gibt es weniger negative Meldungen. Aber ich glaube, dass es an der geringeren Verwendung liegt. Aus meiner Sicht korreliert die Häufigkeit der Verwendung positiv mit den negativen Meldungen.

In den Babybrei gehört Rapsöl

Rühren Sie Öl unter den Gemüsebrei. So werden zum einen die fettlöslichen Vitamine, wie das β-Carotin, besser gelöst, zum anderen ist Öl reich an lebenswichtigen Fettsäuren. Omega-3-Fettsäuren unterstützen die geistige Entwicklung Ihres Babys. Rapsöl stellt im Vergleich zu anderen Speiseölen die optimale Mischung

von essenziellen Fettsäuren dar und trägt zu einer guten Omega-3-Fettsäuren-Versorgung bei. Bereiten Sie daher die Breie bevorzugt mit Rapsöl zu. Um Rückstände von Pflanzenschutzmitteln zu vermeiden, ist es sinnvoll, Bio-Rapsöl zu verwenden. Entscheiden Sie sich für geschmacksneutrales Rapsöl, nicht das kalt gepresste.

Anders ausgedrückt: Möhrenbrei ist nicht ungesünder als Pastinaken-, Süßkartoffel- oder Kürbisbrei. Doch wenn Sie den Eindruck haben, dass Ihr Baby keine Möhren verträgt, haben Sie nun drei Alternativen.

Gluten gehört in die Beikost

Ist die Möhre, die Pastinake oder die Süßkartoffel eingeführt, folgt ein Stärkelieferant. Die Kartoffel ist bei den meisten Eltern am beliebtesten, danach folgt der Reis. Ansonsten sind auch Hirse, Nudeln und Bulgur möglich. Nudeln und Bulgur bestehen aus Weizen und enthalten das Getreideeiweiß Gluten, das in den letzten Jahren zu Unrecht ein negatives Gesundheitsimage bekommen hat. Es ist auch falsch, dass nur Weizen Gluten enthält, auch Dinkel, Roggen, Gerste, Grünkern, Emmer, Einkorn, Kamut und Triticale gehören zu den glutenhaltigen Getreidearten. Die Darmschleimhaut des Babys sollte spätestens bis Ende des 6. Monats mit diesem Getreideeiweiß Kontakt gehabt haben. Optimal ist, wenn das Baby bei der Einführung einer glutenhaltigen Mahlzeit noch gestillt wird. Hafer gilt nach derzeitigem Kenntnisstand als glutenfrei. Haferflocken werden aber nicht uneingeschränkt bei einer glutenfreien Ernährung empfohlen, da Verunreinigungen durch glutenhaltiges Getreide nicht ausgeschlossen werden können.

Fleisch ist gefragt

Jeder Säugling hat sich vor der Geburt einen Eisenvorrat angelegt. Er reicht für die ersten 6 Lebensmonate. Spätestens nach dem 6. Monat sollten Sie ein bisschen Fleisch zum Mittagsbrei hinzufügen, denn Fleisch ist die beste Eisenquelle für den Menschen. Die Wahl der Fleischsorte bleibt Ihnen überlassen. Sie können Huhn oder Pute, aber auch Rind, Schwein oder Lamm verwenden. Greifen Sie aber immer zu fettarmem Muskelfleisch. Damit Ihr Baby gut mit Eisen versorgt ist, wird empfohlen, dass an 5 Tagen in der Woche als Mittagsmahlzeit ein Brei mit einem kleinen Fleischanteil von 20 g in den ersten beiden Breimonaten und danach bis 30 g gefüttert wird. Rindfleisch hat einen etwas höheren Gehalt an Eisen und Zink als andere Sorten und wird daher vom Forschungsinstitut für Kinderernährung (FKE) besonders hervorgehoben.

Ferner wird empfohlen, statt Fleisch ab und zu Fisch zu füttern. Darunter besonders Fettfisch, der reich an Omega-3-Fettsäuren ist. Dazu gehören Hering, Makrele, Thunfisch und Lachs. Praktikabel ist aus meiner Sicht Lachs, aber auch Magerfische wie Seelachs oder Kabeljau kommen infrage.

Jeden Tag einen fleischhaltigen Brei zu geben, tut nicht Not. Pro Woche drei fleischhaltige Breie, zwei mit Fisch und zwei vegetarische Breie sind der Königsweg.

Natürliche Eisenanreicherung für vegetarisch ernährte Babys

- Hirse und Haferflocken sind besonders eisenreich. Verwenden Sie überwiegend Hirse als Getreidemahlzeit. Rühren Sie ein Vitamin-C-reiches Lebensmittel ein, wie z. B. ungesüßtes Apfelmus aus dem Bioladen bzw. Reformhaus, oder mischen Sie Orangensaft unter. Letzteren nur, wenn Ihr Kind ihn verträgt.
- Spinat ist zwar nicht so eisenreich wie lange angenommen, jedoch zählt er wie Mangold und Rote Bete zu den Gemüsesorten, die im Verhältnis zu anderem Gemüse relativ viel Eisen liefern. Geben Sie Ihrem Kind diese Gemüsesorten bevorzugt. Sie enthalten auch Vitamin C.
- Proteine (Eiweiße) aus Milch, Joghurt und Quark reduzieren die Eisenaufnahme. Vegetarisch ernährte Babys sollten daher Ihren Eiweißbedarf nicht über diese Produkte decken, sondern gestillt werden und ansonsten industriell hergestellte Säuglingsmilch erhalten, da hier der Eiweißgehalt geringer als in der Kuhmilch ist.

Vegetarische Kost auch fürs Baby

Mittlerweile sind etwa 7 bis 10 Prozent der Erwachsenen in Deutschland Vegetarier. Unter den sich vegetarisch ernährenden Menschen gibt es Abstufungen und somit lassen sich nicht alle Vegetarier bezüglich des Essens über einen Kamm scheren. Die größte Gruppe bilden die Ovo-Lacto-Vegetarier und die der Mischkost am nächsten liegenden Pescetarier. Wenn Eltern selbst vegetarisch leben, ist es naheliegend, dass sie auch ihr Baby so ernähren möchten. Dies ist grundsätzlich möglich, auch wenn es Risiken in sich birgt und eine besondere Aufmerksamkeit erfordert.

Pescetarier (Ovo-Lacto-Pesce-Vegetarier) sind Vegetarier, die nur auf Fleisch verzichten. Fisch steht aber nach wie vor auf dem Speiseplan, weil sie meist von den Nährwerten des Lebensmittels überzeugt sind. Neben viel hochwertigem Eiweiß, wenig gesättigten Fettsäuren und Eisen enthalten Fettfische, wie Lachs und Thunfisch, zusätzlich viele Omega-3-Fettsäuren. In Fisch finden wir die beiden Omega-3-Fettsäuren, Eicosapentaensäure (EPA) und Docosahexaensäure (DHA).

Da sie Zellmembranbestand u. a. des Gehirns sind, wird über den Nutzen dieser beiden Fettsäuren bezüglich Entwicklung des Gehirns beim Säugling und somit Intelligenz diskutiert. Da ein mit Fisch ernährtes Baby tierisches Eisen über den Fisch erhält, ist die Wahrscheinlichkeit eines Eisenmangels sehr gering.

Wenige Probleme gibt es bei Vegetariern, die ihre pflanzliche Kost um Milch, Milchprodukten und Eier erweitern (Ovo-lacto-Vegetarier). Bei dieser Lebensmittelzusammenstellung wird der Körper mit Vitamin B_{12} versorgt. Dieses Vitamin kommt nur in Nahrungsmitteln tierischer Herkunft und nicht in Pflanzen vor.

Gesunde Babys kommen mit gut gefüllten Eisenspeichern zur Welt. Die Eisenvorräte, die sie von der Mutter mitbekommen, reichen für etwa sechs Monate. Die wichtigsten Eisenlieferanten sind tierische Lebensmittel, vor allem Fleisch und Fisch. Aber auch in pflanzlichen Lebensmitteln ist Eisen enthalten, allerdings vorwiegend in der schlechter verwertbaren dreiwertigen Form. Als eisenreich gelten verschiedene Getreide als Vollkornprodukte, besonders Hirse und Haferflocken sowie grünes Gemüse. Um die Eisenversorgung aus pflanzlicher Nahrung besser ausnutzen zu können, ist eine Kombination aus eisenhaltigen und Vitamin-C-reichen Lebensmitteln notwendig. So hilft Orangensaft dem Körper wegen des enthaltenen Vitamin C das Eisen aus pflanzlichen Lebensmitteln besser aufzunehmen.

Bei vegan ernährten Babys (also ausschließlich pflanzliche Kost) müssen die Eltern nicht nur ein Augenmerk auf die Eisenversorgung legen, sondern auch in besonderem Maße auf die B_{12} Versorgung ihres Säuglings. Vitamin B_{12} unterstützt den Aufbau des Nervensystems und regt die Zellteilung an. Es ist in der Zusammenwirkung mit Spurenelementen und Eiweiß für die gesamte körperliche und geistige Entwicklung zuständig. Ein länger anhaltender Mangel kann zu Verzögerungen im Wachstum sowie motorischen Beeinträchtigungen und Sprachstörungen führen. Da es für Vitamin B_{12} kaum pflanzliche Quellen gibt, ist eine ergänzende Zufuhr bei vegan ernährten Babys auf Dauer oft unumgänglich. Idealerweise nimmt die vegan lebende Mutter bereits während der Schwangerschaft, aber auch während der Stillzeit, ein Supplement ein.

Dann ist die Muttermilch nicht Vitamin-B-12-ärmer als die anderer Stillender. Speziell für Babys und Kleinkinder gibt es Vitamin B_{12} in Tropfenform, das man allerdings nicht vor dem Beginn des Zufütterns geben braucht. Eine tägliche Gabe von 0,4 µg bis zum fünften und 0,5 µg Vitamin B_{12} ab dem sechsten Lebensmonat wird vom Vegetarierbund empfohlen. Vor Überdosierungen müssen Sie keine Angst haben - Vitamin B_{12} ist wasserlöslich und das Zuviel wird ausgeschieden.

Für alle Vegetarier und Fischverweigerer lässt sich die Versorgung mit langkettigen Omega-3-Fettsäuren optimieren, indem Lein- und Rapsöl, die reich an Alpha-Linolensäure sind, bewusst verwendet werden. Da der Körper die für die Entwicklung des kindlichen Gehirns notwendige Docosahexaensäure (DHA) nur in begrenztem Maß aus Alpha-Linolensäure umwandeln kann, ist bei vegetarisch und vegan ernährten Säuglingen die Verwendung von DHA, zum Beispiel in Form von Mikroalgenöl, möglicherweise sinnvoll.

Auf einen hohen Energie- und Nährstoffgehalt sollten Sie bei der Zubereitung vegetarisch-veganer Beikost achten. Die

Mittagsbreie sollten daher mit Getreide z. B. in Form von Hafer- oder Dinkel-vollkornflocken, erweitert werden. Zu Beginn sind Hülsenfrüchte mit ihrem hohen Ballaststoffanteil weniger geeignet. Nach zwei bis drei Monaten Beikost dürfen sich auch 10 bis 20 g Linsen, Erbsen und Bohnen im Brei verstecken. Insbesondere vegan ernährte Säuglinge sollten die doppelte Menge an pflanzlichen Ölen auf Dauer in ihren Breien haben. Insbesondere dann, wenn das Gewicht sehr niedrig ist.

Löffeln will gelernt sein

Einige Kinder freuen sich richtiggehend auf ihren ersten Brei, und sie interessieren sich sehr für das Essen der Großen am Familientisch. Andere Kinder sind wiederum stark aufs Stillen bzw. ihre Flasche fixiert. Das hat aber nichts zu sagen, denn Löffeln will gelernt sein und verlangt den meisten Eltern etwas Geduld ab. Das erste Mal vom Löffel zu essen, ist für Baby und Eltern ein aufregendes Ereignis. Manche Babys essen sofort begeistert, während andere alles wieder mit der Zunge nach vorne schieben. Babys, die Spaß am Brei haben und scheinbar nach mehr verlangen, sollten bei der 1. Mahlzeit nicht mehr als 3 bis 4 Löffel bekommen. Anschließend füttern Sie wie gewohnt die Milchmahlzeit zum Sattwerden. Die Breimahlzeit kann jeden Tag um weitere 3 bis 4 Löffel gesteigert werden. Zu Anfang reichen übrigens 100 g Gemüsebrei. Bei Löffel- und Breiverweigerern ist das wichtigste Rezept, Ruhe zu bewahren. Es ist nicht schlimm, wenn Ihr Kind den Löffel bzw. Brei nicht sofort akzeptiert. Warten Sie entweder noch 1 Woche ab oder versuchen Sie es jeden Tag von neuem. Irgendwann klappt's. Es gibt keine Kinder, die auf Dauer den Löffel ablehnen.

Kosten mit Babys Löffel: Babys sollten stets ihren eigenen Löffel haben, ist die Meinung der Zahnärzte, und Erwachsene sollten auch nicht von ihm essen. Jeder von uns hat Kariesbakterien, die sich durch das Probieren am Löffel des Babys auf das Kind übertragen. Heilpraktiker dagegen halten es für sinnvoll, dem Baby über den Löffel in kleinem Mengen Bakterien aus dem Speichel der Mutter oder des Vaters zuzuführen, denn es soll die allgemeinen Abwehrkräfte steigern. Ich weiß nicht, wer recht hat, würde aber meinen, es ist kein Beinbruch, wenn Sie mal mit dem Löffel des Babys gekostet haben.

Der Löffel

Das beste Material für Babys Löffel ist Plastik. Geeignet sind Löffel, die nicht größer als der klassische Teelöffel sind.

Bei Kindern, denen man den Löffel quasi in den Mund drücken muss, hilft es oft, wenn der vordere Teil aus Weichgummi ist. Dieser Löffel lässt sich ohne Verletzungsgefahr leichter in den Mund schieben und wird meistens von Löffel-Verweigerern eher akzeptiert. Ein Metalllöffel ist für ein Baby ungeeignet. Er ist zum einen zu hart und zum anderen oft zu heiß, da Metall ein guter Wärmeleiter ist. Die Verletzungs- und Verbrennungsgefahr bei Metalllöffeln ist zu hoch. Verwenden Sie ausschließlich Plastiklöffel!

Kinderteller – passé?

Einen Kinderteller braucht Ihr Baby im Grunde nicht. Sie können die Mahlzeiten in Müslischalen oder tiefen Tellern anrichten. In der Regel ist jedoch Ihr Geschirr aus Porzellan, Steingut oder Keramik, und da Ihr Kind ja auch irgendwann alleine essen lernen soll, ist Plastikgeschirr sehr praktisch. Der Warmhalteteller ist aus der Mode geraten, denn meist ist den Babys das Essen eher zu warm als zu kalt.

Trinklernflasche

Mit der Einführung der Beikost sollten Kinder nach dem 6. Lebensmonat auch Wasser trinken. Mit einer Trinklernflasche lernen die kleinen Stillkinder das Trinken langsam und besser als mit den üblichen Nuckelflaschen mit Teesaugern. Trinklernflaschen sind eine besondere Art von Schnabeltassen. Sie sind meist aus Plastik und daher unzerbrechlich. Klassische Nuckelflaschen sind für Stillkinder nichts. Sie müssten das Saugen erst lernen, was bei einer Trinklernflasche entfällt.

Die richtigen Getränke fürs Baby

Mit der Einführung der Beikost bleibt die Muttermilch weiterhin das beste Getränk. Hat das Stillen nicht geklappt oder stillen Sie aus unterschiedlichsten Gründen ab, ist industriell hergestellte Säuglingsmilch der bestmögliche Ersatz. Empfohlen werden Pre- und 1-Nahrungen. Die Pre-Säuglingsmilch ist der Muttermilch am ähnlichsten. Sie enthält im Gegensatz zur 1-Nahrung nur Milchzucker (Laktose) und keine Stärke, die die Milch sämiger und sättigender macht. Für die Zubereitung der Säuglingsmilch wie auch der Beikost ist Trinkwasser in der Regel geeignet. Dabei gibt es folgende 3 Ausnahmen:

- Das Wasser kommt aus einer alten Wasserleitung aus Blei. Falls Sie in einem alten, nicht sanierten Haus leben, müsste über eine Messung der Bleigehalt bestimmt werden.
- Die Nitratgehalte liegen über dem gesetzlichen Grenzwert von 50 mg/l.
- Der ph-Wert liegt unter dem gesetzlichen Grenzwert, sodass sich Kupfer aus den Leitungen lösen könnte.

Die Werte Ihres Wassers können Sie beim örtlichen Gesundheitsamt oder Wasserversorger erfragen. Ferner empfiehlt das Umweltbundesamt, Wasser, das länger als 4 Stunden in der Leitung gestanden hat, nicht zur Zubereitung von Säuglingskost zu verwenden. Nehmen Sie frisches Leitungswasser, indem Sie das Wasser so lange laufen lassen, bis es kühler ist. So kann man frisches von abgestandenem Wasser unterscheiden.

Nach dem 6. Lebensmonat müssen Sie das Leitungswasser nicht mehr abkochen. Die möglicherweise vorhandenen Keime schaden dem Kind jetzt nicht mehr. Seine Magenschleimhaut ist jetzt so gut entwickelt, dass sie ausreichend Magensäure produziert und über den Mund aufgenommene Keime abtötet. Übrigens: Die meisten Keime nimmt Ihr Kind jetzt durch das In-den-Mund-Nehmen von Spielsachen und anderen Gegenständen auf. Keime – in gut dosierter, geringer Menge – stärken das Immunsystem Ihres Babys.

Wasser: der ideale Durstlöscher

Bis zum 7. Lebensmonat ist der Flüssigkeitsbedarf Ihres Babys durchs Stillen oder die Flasche gedeckt. Für Stillkinder ist es wichtig, dass die Mütter genügend trinken. Wenn Ihr Baby mehr Flüssigkeit braucht, trinkt es auch länger an der Brust. Ihr Körper stellt sich darauf ein und die Milch wird dünner. Und wenn Babys wirklich Durst haben, trinken sie mit Begeisterung Wasser.

Früchtetees aus dem Beutel oder auch lose Tees enthalten in Spuren Zucker und sind als Getränk zum Durstlöschen zwischendurch nicht optimal, aber immer noch besser als Früchtetees auf Instantbasis. Diese enthalten Zucker in manchmal recht hohen Mengen – ein Blick auf die Zutatenliste der Verpackung verrät, dass Maltodextrin, Saccharose, Fruktose, Glukose usw. darin sind. Hinter all diesen Begriffen versteckt sich Zucker. Wer früh lernt, Wasser zu trinken, bleibt lebenslang dabei.

Mineralwasser – eine Alternative zu Leitungswasser

Ist Ihr Trinkwasser für die Säuglings-ernährung nicht geeignet oder fehlt Ihnen das Vertrauen zum Leitungs-wasser, können Sie auf abgepacktes Wasser mit der Deklaration »Für die Zubereitung von Säuglingsnahrung geeignet« zurückgreifen. Das Beson-dere an diesem Wasser ist, dass es mineralstoffarm ist und gesetzlichen Grenzwerten unterliegt, die speziell auf die Besonderheiten der Babyer-nährung abgestimmt sind. Für Sulfat und Mangan entsprechen die Werte denen, die auch für Trinkwasser gel-ten. Alle anderen liegen unterhalb der für Trinkwasser festgelegten Höchst-werte, um den Verbraucher, der sich an dem Werbehinweis »Säuglings-nahrung« orientiert, ein abermals erhöhtes Schutz- und Vorsorgeniveau zu garantieren. 1 Liter normales Mineralwasser darf nicht mehr als 20 mg Natrium, 10 mg Nitrat, 0,02 mg Nitrit, 240 mg Sulfat, 0,7 mg Fluorid, 0,05 mg Mangan sowie 0,002 mg Uran enthalten. Übrigens verliert koh-lensäurehaltiges Mineralwasser beim Kochen die Kohlensäure. Wird das Wasser nicht aufgekocht, schütteln Sie die Kohlensäure vorher heraus.

Viele Eltern geben ihrem Baby gerne gesüßte Getränke oder auch Fruchtsäfte, weil das Baby von den süßen Getränken mehr trinkt als von Wasser, was viele Eltern beruhigt. Insbesondere dann, wenn Ihr Kind später übergewichtig ist oder schlechte Zähne hat, werden Sie aber bereuen, es nicht frühzeitig an kalorienfreies Wasser gewöhnt zu haben. Dicksein und Karies stehen zwar nicht im direkten Zusammenhang mit dem Genuss von süßen Getränken, indirekt jedoch schon. Bedenken Sie, dass Sie Ihrem Baby mit zuckerhaltigen Getränken etwas anbieten, was es nicht braucht und gegen das es sich selbst gar nicht wehren kann. Und falls Sie selbst süße Getränke – ob mit Zucker oder Süßstoff gesüßt – trinken, fangen Sie an, sich dies abzugewöhnen. Ihr Kind verlangt sonst später auch danach. Denn sobald Ihr Baby im Kleinkindalter ist, schaut es sich sein Essverhalten von Ihnen ab.

Ich arbeite viel mit Kindern und Jugendlichen verschiedenster Altersgruppen und sehe einen direkten Zusammenhang zwischen süßen Getränken und Übergewicht. Ihr Baby kennt keinen Fruchtsaft und vermisst ihn somit auch nicht. Mit Wasser als Durstlöscher ist es zufrieden.

Heiltees nur bei Beschwerden

Die Kleinen brauchen keine Abwechslung bei Getränken. Kräuter- und Früchtetees werden oft empfohlen. Wenn Fenchel-, Kümmel- und Anistee für Ihr Kind bewährte Hausmittel gegen Blähungen bleiben sollen, sollten Sie diese nicht zum Standardgetränk machen. Beim dauerhaften Trinken von Heiltees ohne vorhandene Beschwerden helfen sie bei auftretenden Blähungen und Bauchschmerzen im Akutfall nicht mehr bzw. nur noch in abgeschwächter Form.

Saftschorlen sind die Ausnahme

Spezielle Babysäfte sind eine profitable Erfindung der Ernährungsindustrie. Diese Getränke haben weniger Säure und schmecken daher unheimlich süß. Ihr Geschmack erinnert nur noch sehr wenig an das darin enthaltene Obst. Kein Baby braucht Saft als Durstlöscher. Natürlich müssen Sie auch kein schlechtes Gewissen haben, wenn Sie Ihrem Baby mal eine kleine Menge Saft oder Saftschorle in der Trinkflasche anbieten. Ein ganz normaler Fruchtsaft ist dann ebenso gut wie die speziellen Babysäfte. Achten Sie darauf, dass es sich um einen Fruchtsaft handelt und nicht um Fruchtnektar oder Fruchtsaftgetränk, denn diese beiden Getränke enthalten neben dem Fruchtzucker aus den Früchten noch andere Süßungsmittel. Nur die Bezeichnung Fruchtsaft garantiert, dass kein Zucker zugesetzt wurde.

Wichtig ist bei Saft und Saftschorle, dass sie als Bestandteil einer Mahlzeit getrunken werden und nicht schlückchenweise über den Tag verteilt, denn auch von natürlichem Zucker, der in Säften enthalten ist, können sich Kariesbakterien ernähren. Die Kinder werden durch den Zuckergehalt schneller satt und nehmen zu wenig Nährstoffe auf. Übrigens heißt »kristallzuckerfrei« nicht, dass tatsächlich kein Zucker in den Produkten enthalten ist. Und Fruchtsaft steht Fanta und Cola im Zuckergehalt kaum nach. Daher sollten Sie von vornherein Saft stets verdünnt mit Wasser anbieten.

Richtig sitzen bei der ersten Löffelkost

Am besten nehmen Sie Ihr Kind am Anfang auf den Schoß. Binden Sie ihm ein Lätzchen um und tragen Sie vielleicht selbst eine Schürze. Wenn Sie Rechtshänder sind, drücken Sie Ihr Kind in seitlicher Lage links an Ihren Körper, den linken Arm Ihres Kindes halten Sie mit der linken Hand fest und den rechten Arm Ihres Kindes schieben Sie leicht nach hinten, sodass Ihr Kind nicht nach dem Löffel greifen kann. Jetzt führen Sie den Löffel mit Brei zum Mund. In der Regel öffnet Ihr Kind den Mund und probiert zumindest, was auf dem Löffel ist. Falls es kein Interesse an der Löffelnahrung hat, berühren Sie mit dem Löffel vorsichtig die Lippen. Falls dies ebenfalls zu keinem Erfolg führt, versuchen Sie ganz vorsichtig, den Löffel zwischen die Lippen zu schieben. Einige Kinder brauchen diesen sanften Druck. Ihr Kind nimmt dadurch keinen Schaden.

Worauf Sie nicht verzichten sollten:

- abwaschbares Set bzw. keine Stofftischdecken
- Küchenpapier stets griffbereit
- Mullwindel oder Schürze für Sie
- Lätzchen fürs Kind
- feuchter Waschlappen für Gesicht und Babyhände
- Teppichboden mit abwaschbaren Wachstischdecken auslegen

Doch mehr Essensdruck ist auch nicht nötig. Falls es nicht klappt, wiederholen Sie die Prozedur am nächsten Tag. Ihr Kind wird ganz sicher innerhalb weniger Tage mit dem Essen des Breies beginnen. Einige Eltern füttern Ihr Baby in der Babywippe.

Essen im Hochstuhl: Wenn das Füttern mit dem Löffel klappt und Ihr Kind relativ sicher sitzen kann, sollte es sich an den Hochstuhl gewöhnen. Fangen Sie mit dem Sitzen im Hochstuhl nicht zu spät an; er bringt Ihnen Entlastung und Ihr Kind wird so autonomer.

Babys und ihr Allergierisiko

Neurodermitis, Asthma oder Heuschnupfen – allergische Erkrankungen haben in den letzten Jahren zugenommen. Typische allergische Reaktionen sind bei Babys trockene und juckende Haut, Hautveränderungen oder auch chronischer Durchfall. Jedoch nicht jede Hautveränderung und jeder Durchfall ist ein Hinweis auf eine Allergie. Leidet Ihr Baby mehr als 3 Tage an juckenden, geröteten Hautstellen, sollten Sie den Kinderarzt aufsuchen.

Erhöhtes Allergierisiko?

Die erbliche Veranlagung ist der entscheidende Faktor bei der Entstehung von Allergien. Leidet ein Elternteil unter einer Allergie, liegt das familiär bedingte Allergierisiko des Babys bei 20 bis 40 Prozent. Ähnlich hoch sind die Zahlen, wenn bereits ein Geschwisterkind allergisch reagiert, nämlich 25 bis 35 Prozent. Haben beide Eltern mit Allergien zu kämpfen, steigt die Wahrscheinlichkeit auf 40 bis 60 Prozent. Und wenn beide Eltern an der gleichen Art von Allergie leiden, steigert sich das Allergierisiko für das Kind sogar um weitere 20 Prozent. Hat kein Elternteil eine Allergie, dann ist das Risiko entsprechend gering und liegt nur bei 5 bis 15 Prozent. Wenn Sie selbst eine Allergie haben, können die Prozentzahlen niederschmetternd auf Sie wirken, doch versuchen Sie es positiv zu sehen: Die Wahrscheinlichkeit liegt je nach Konstellation zwischen 20 und 80 Prozent, dass Ihr Baby keine Allergie entwickelt. Außerdem können Sie selbst etwas gegen den Ausbruch einer Allergie bei Ihrem Baby tun. Ihr Baby sollte in einer rauchfreien Umgebung aufwachsen. Lüften Sie in Form von Stoßlüftungen und gehen Sie täglich mit Ihrem Baby an die frische Luft.

Fehlalarm im Immunsystem

Bei einer Allergie wird vom Körper ein Fehlalarm ausgelöst. Das Immunsystem reagiert auf einen normalerweise harmlosen Stoff, ein Allergen, mit der Bildung von Antikörpern. Die Antikörper antworten darauf, indem sie eine allergische Reaktion auslösen. Allergene können Eiweißstoffe aus Lebensmitteln sein oder auch Pollen von Sträuchern und Gräsern. Bei der Allergiepävention spielt der Darm eine entscheidende Rolle, denn in ihm werden 80 Prozent der Abwehrreaktionen geleistet. Die dazu gehörende Darmflora bildet sich in den ersten 4 Lebensmonaten eines Säuglings und ist dann für die Beikost bereit. Experten sind der Meinung, dass es von der 16. bis zur 24. Lebenswoche ein sogenanntes Toleranzfenster gibt, währenddessen Babys neue Nahrungsmittel besonders gut vertragen. Es ist also sinnvoll, nach dem 4. Monat mit der Beikost langsam aufbauend anzufangen und nicht, wie früher empfohlen, das Zufüttern möglichst lange hinauszuzögern. Bei Verdacht auf eine Allergie sprechen Sie Ihren Kinderarzt an.

Mit Muttermilch Allergien vorbeugen

Ausschließliches Stillen in den ersten 4 Monaten ist der beste Allergieschutz, da die Muttermilch viele Vorteile gegenüber den industriellen Säuglingsmilchnahrungen aufweist:

- In den ersten Tagen nach der Geburt enthält die sogenannte Vormilch besonders viele Immunglobuline und andere Schutzstoffe, die sich wie ein Film auf die Darmwand legen.
- Muttermilch ist nicht allergenfrei, sondern allergenarm. Kleinste Mengen an Allergenen aus der Nahrung der Mutter sind in der Muttermilch zu finden. Geht man von der heute wahrscheinlichen Theorie aus, dass bei einer Allergie das Immunsystem zu wenig gefordert wird, sind die vorhandenen Allergene in der Muttermilch wichtig zur Allergieprävention. Dass Stillende auf potenziell allergieauslösende Nahrungsmittel verzichten sollen, gilt heute als überholt und ist vermutlich kontraproduktiv.

Schutz vor Allergien

Neben den Genen üben Umweltfaktoren einen Einfluss auf das Allergierisiko aus.

- Babys, in deren Umgebung geraucht wird, haben ein erhöhtes Risiko. Achten Sie darauf, dass Ihr Kind in einer rauchfreien Umgebung aufwächst.
- Reduzieren Sie das Risiko von Hausstaubmilben. Lüften Sie Bett und Babyzimmer nach dem Schlafen.
- Ihre Wohnung sollte nicht keimfrei sein. Sie sollten nicht alles, mit dem Ihr Baby in Berührung kommt, desinfizieren. Übliches Putzen reicht. Ein bisschen Schmutz lässt das Immunsystem arbeiten. Ein wenig gefordertes Immunsystem erhöht das Risiko für Allergien, da es aufgrund der fehlenden Übung schnell mal falschen Alarm auslöst.
- Stillen Sie Ihr Baby in den ersten 4 Lebensmonaten voll oder füttern Sie, wenn das Stillen nicht möglich ist, mit teilhydrolysierter, hypoallergener Säuglingsanfangsnahrung (HA-Milch).
- Beginnen Sie zwischen dem 5. und 7. Monat mit dem Zufüttern! Ein Hinauszögern der Beikost schützt nach heutigem Wissenstand nicht vor Allergien.
- Führen Sie ein Lebensmittel nach dem anderen ein.

Lange Zeit hielten die Experten die Allergenmeidung für den Königsweg. In den letzten 30 Jahren wurden viele Studien durchgeführt, die nachweisen sollten, dass durch eine Meidung von Fisch, Soja und Co. das Allergierisiko reduziert oder der Zeitpunkt des Ausbruchs der Allergie verzögert wird. Die Ergebnisse werden heute jedoch so interpretiert, dass sich das Allergierisiko durch eine langfristige Allergenmeidung nicht minimieren lässt. Die neuen Leitlinien zur Allergieprävention führen daher zu einer radikalen Kehrtwende bei den Ernährungsempfehlungen.

Säuglinge sollen nach dem 4. Lebensmonat langsam mit Lebensmitteln in Kontakt kommen, aber mit möglichst vielen. Heute wird die These vertreten, dass der frühzeitige Kontakt mit den möglichen allergieauslösenden Lebensmitteln das Allergierisiko minimieren kann. Nach dem 4. Lebensmonat hat der Körper die besten Voraussetzungen, um eine Schutzfunktion auszubilden. Durch das frühzeitige »Kennenlernen« der Allergene in kleinen Mengen kann der Organismus sich so langfristig in gesunder Form mit ihnen auseinandersetzen. Das Risiko einer allergischen Reaktion wird minimiert.

Überholte Regeln

Das Forschungsinstitut für Kinderernährung (FKE) und auch die Deutsche Gesellschaft für Ernährung (DGE) haben ihre Empfehlungen zur Säuglingsernährung an die Leitlinien zur Allergieprävention angepasst. Sie dürfen sich freuen:

- Ein Verzicht auf bestimmte Lebensmittel ist aufgehoben, und Sie müssen potenziell allergieauslösende Lebensmittel nicht mehr meiden. Im Gegenteil: Ganz bewusst sollen Sie diese Lebensmittel in kleinen Mengen Ihrem Baby füttern. So kann sich das Immunsystem frühzeitig mit ihnen auseinandersetzen. Nahrungsmittelverbote gibt es nicht mehr, und es wird auf eine nährstoffreiche Mischkost gesetzt, die Sie aber nach wie vor langsam und Schritt für Schritt einführen.

- Sie müssen nicht mehr, wie früher empfohlen, bis nach dem 6. Lebensmonat mit dem Zufüttern warten. Experten sehen dies sogar als kontraproduktiv an. Zwischen der 16. und 24. Lebenswoche vertragen Babys neue Nahrungsmittel besonders gut. Doch füttern Sie Ihrem Baby den ersten Brei nicht vor Vollendung des 4. Lebensmonats!

- Stillen Sie Ihr Baby die ersten 4 Monate, ist es vor möglichen späteren

Welche Säuglingsmilch zur Beikost füttern?

Wird nicht mehr gestillt, so sind industriell hergestellte Säuglingsnahrungen der optimale Ersatz. Wie unterscheiden sich diese voneinander? Geeignet sind nach dem 4. Monat weiterhin auch Pre- und 1-Nahrungen. Sie unterscheiden sich nur in ihrem Kohlenhydratanteil. Pre-Säuglingsmilch enthält wie Muttermilch nur Laktose und ist dünnflüssig. 1-Nahrung enthält statt Laktose Stärke und ist somit in ihrer Konsistenz sämiger. 2- oder 3-Nahrungen sind ab dem 5. Monat eine mögliche Alternative. Sie unterscheiden sich jedoch in ihrer Zusammensetzung stärker von der Muttermilch als Pre- und 1-Nahrungen und haben somit keine Vorteile.

Allergien bestmöglich geschützt. Eine hundertprozentige Sicherheit gibt es aber nicht. Ob das Stillen über den 4. Monat hinaus – bezogen auf die Allergieprävention – überhaupt einen Einfluss hat, lässt sich nicht mit Sicherheit sagen.

- Während der Zeit des Zufütterns können und dürfen Sie weiterhin stillen, solange Sie und Ihr Baby möchten. Doch müssen Sie auch kein schlechtes Gewissen mehr haben, wenn Sie abstillen. Hypoallergene Säuglingsnahrungen (HA-Milch) sind für Babys mit einem erhöhten Allergierisiko eine gesunde Alternative, wenn sie nach dem 4. Monat nicht mehr gestillt werden.

Kuhmilch, Nüsse, Eier, Fisch …

Viele Eltern sind verunsichert, wenn es um die Menge von potenziell allergieauslösenden Lebensmitteln geht, daher ein paar Beispiele:

- Sie können nach dem 4. Monat Ihr Baby auch einmal an einer Brotrinde lutschen lassen. Es wird sie vermutlich nicht essen, da die Zähne zum Kauen fehlen. Zeigt Ihr Kind hingegen kein Interesse, ist das okay.
- Geben Sie unter den Mittagsbrei 1 TL Haferflocken, oder pürieren Sie ein paar gekochte Nudeln, die Sie eigentlich für sich zubereitet haben, mit den restlichen Zutaten zu einem Brei.
- Lassen Sie Ihr Baby im 2. Lebenshalbjahr bei Interesse mal von Ihrem Mittagessen probieren, z. B. ein kleines Häppchen gedünsteten Fisch, ein Stückchen Eierpfannkuchen oder 1 TL von Ihrem Frühstücksei.
- Ihr 6 Monate altes Kind will gerne von Ihrem Kuchen, der Haselnüsse, Ei und Kuhmilch als Zutaten hat, kosten? Das ist kein Problem mehr.

Übertrieben wäre, wenn Sie ganz bewusst alle potenziell allergieauslösenden Lebensmittel, die Sie kennen, Ihrem Baby zum Probieren geben. Ein Beispiel: Sie kaufen Sojamilch, um 1 bis 2 EL unter das Essen zu rühren, damit Babys Darm dieses Allergen frühzeitig kennenlernt. Ein Kind muss nicht im 1. Lebensjahr mit allen Lebensmitteln in Berührung gekommen sein, es darf aber Kontakt zu potenziell allergieauslösenden Nahrungsmitteln haben.

Letztendlich entscheidet Ihr Bauchgefühl, ob Sie sich den neuen Empfehlungen anschließen. Vielleicht haben Sie schon ein älteres Kind, und Sie haben gute Erfahrungen gemacht mit der

(Fortsetzung auf S. 34)

Neue und alte Empfehlungen der Fachgesellschaften zur Allergieprävention

Vermeidungsstrategie (alte Empfehlungen)	Auseinandersetzungsstrategie (neue Empfehlungen 2013)
Stillen: • möglichst bis einschließlich 6. Monat voll stillen und nicht zufüttern • möglichst bis zum 1. Lebensjahr weiter stillen	**Stillen:** • möglichst bis einschließlich 4. bzw. 6. Monat voll stillen und danach zufüttern • möglichst bis zum 1. Lebensjahr weiter stillen, alternativ HA-Milch als Trinknahrung geben
Beikost: • Einführung im 7. Monat • auf Kuhmilch, Ei, Fisch, Nuss und andere potenziell allergieauslösenden Lebensmittel im 1. Lebensjahr verzichten	**Beikost:** • Einführung frühestens im 5. Monat, spätestens im 7. Monat • kleine Mengen an Getreide sollen vor dem 6. Monat gefüttert werden • Kuhmilch ist im Getreide-Milch-Brei ab dem 6. Monat erlaubt • ab dem 7. Monat ist ein Brei mit Fisch als Zutat gesund und erlaubt • auch gegen Ei spricht ab dem 7. Monat nichts • auf allergieauslösende Lebensmittel wie Nüsse oder Schokolade muss nicht mehr streng verzichtet werden, sie werden aber auch nicht explizit empfohlen

sogenannten Allergenvermeidungsstrategie. Auch nicht jeder Experte – vom Kinderarzt über die Hebamme bis hin zum Heilpraktiker – wird die neuen Empfehlungen beherzigen, wenn bereits gute Erfahrungen mit den alten Empfehlungen gemacht wurden. Auf der vorherigen Seite finden Sie noch einmal eine Gegenüberstellung der sogenannten Vermeidungs- und der Auseinandersetzungsstrategie bei der Allergieprävention im Überblick. Sie soll Ihnen bei Ihrer eigenen Entscheidung helfen. Übrigens, die Rezeptauswahl in diesem Buch ist groß genug, sodass Sie beide Wege gehen können.

Der Stufenplan: immer aktuell

Eine völlige Freiheit, dass Ihr Baby nun alles und sofort essen darf, ist mit den neuen Richtlinien zur Allergieprävention nicht gemeint. Der Stufenplan gilt nach wie vor. Den Eltern und Großeltern dient er als Grundgerüst dafür, das Baby möglichst stressfrei im 1. Jahr gesund zu ernähren. Weiterhin empfehlen die Fachgesellschaften, mit dem Gemüsebrei zu beginnen, die Kost ab dem 6. Monat um den Getreide-Milch-Brei zu erweitern und nach dem 6. Monat den Obst-Getreide-Brei einzuführen.

Dies soll auch für alle so bleiben, die weiterhin nach der Vermeidungsstrategie kochen. Die Breirezepte bestehen aus nur wenigen Zutaten. Das macht zum einen das Kochen einfach und gibt Ihnen Sicherheit in der Babyernährung. Weiterhin gilt, dass alle 3 bis 4 Tage nur 1 neues Lebensmittel eingeführt werden sollte. Falls also Ihr Baby doch auf ein Lebensmittel reagiert, wissen Sie, um welches es sich handelt.

Bei den Rezepten des Buches finden Sie folgende Kategorien
- »glutenfrei«: Rezept ist frei von Gluten.
- »laktosefrei«: Rezept ist ohne Milchzucker. Eine mögliche Laktoseintoleranz entwickelt sich erst später, besonders dann, wenn früh auf Laktose verzichtet wurde.
- »reizarm«: Rezept ohne Inhaltsstoffe, die bei Babys einen wunden Po verursachen können.

Vielfalt entdecken – Milch, Getreide, Obst

Nach dem 5. Monat, spätestens nach dem 7. Monat, wird die Beikost um den Milch-Getreide-Brei erweitert, und

1 Monat später der Obst-Getreide-Brei eingeführt. Die meisten Familien ersetzen zuerst die abendliche Milchmahlzeit durch einen Milch-Getreide-Brei. Viele Eltern hoffen, dass ihr Baby so besser durchschläft. Die Auswahl an Milch-Getreide-Breien ist sehr groß. Es gibt Breie mit Milchpulver und solche, die auch noch Bananen- oder Erdbeerpulver, Kakao oder Zucker enthalten. Jedes Baby isst gerne süße Breie. Jedoch schmecken den Kleinen auch ungesüßte Babybreie ausgezeichnet. Bereiten Sie Babys Brei am besten selbst aus Getreideflocken und Milch zu.

Kuhmilch im Milch-Getreide-Brei

»Keine Kuhmilch im 1. Lebensjahr!« war lange Gebot in der Säuglingsernährung wie in Stein gemeißelt. Auch diese Regel wurde über Bord geworfen. Kuhmilch ist zwar nach wie vor eines der Lebensmittel, das bei Babys am häufigsten Allergien auslöst, doch der Getreide-Milch-Brei sollte damit zubereitet werden. Die Menge von 200 ml Kuhmilch am Tag gilt als unkritisch und sichert eine gute Versorgung mit Kalzium. Greifen Sie zu pasteurisierter Vollmilch oder H-Milch. Als ungeeignet für Säuglinge gilt Rohmilch (Vorzugsmilch) sowie

fettarme Milch oder Magermilch. Damit das Eisen besser aufgenommen wird, können Sie 2 EL Obstpüree oder Fruchtsaft untermischen. Wenn Sie großes Unbehagen bei der Verwendung von Kuhmilch im Brei haben, können Sie auch HA-Säuglingsmilchnahrung verwenden und sich dann bewusst für die (ernährungswissenschaftlich überholte) Vermeidungsstrategie entscheiden. Doch ist es in Bezug auf die Allergieprävention nicht sinnvoll, statt Vollmilch eine »normale« Säuglingsmilchnahrung zu verwenden.

Mit welchen Flocken beginnen?

Solange in Ihrer Familie keiner an einer Zöliakie oder Glutenunverträglichkeit leidet, können Sie aus der Vielfalt des Flockenangebotes frei wählen. Beliebt sind nach wie vor Haferflocken oder Weizengrieß. Kommt jedoch eine erbliche Veranlagung zur Zöliakie in Ihrer Familie vor, sollten Sie wissen, dass in den herkömmlichen Getreidesorten wie Weizen, Dinkel, Hafer, Roggen, Gerste und Grünkern Gluten enthalten ist.

Folgende Empfehlungen leiten sich aus Untersuchungen ab, die an familiär an Zöliakie vorbelasteten Kindern in

Schweden durchgeführt wurden, sowie aus der TEDDY-Studie: Zwischen dem 5. und 6. Monat sollten Sie in kleinen Mengen glutenhaltiges Getreide parallel zum Stillen in den Brei mengen. Die Glutenmenge wird dabei langsam gesteigert. Das heißt, wenn Sie schon erfolgreich Gemüsebrei mit Flocken angereichert haben, der gut vertragen wurde, können Sie glutenhaltigere Getreidebreie geben. Wurden sie nicht gut vertragen, dann sollten Sie die Breie auf Basis von Reis-, Hirse- oder Buchweizenflocken herstellen. Und dort dann 1 TL glutenhaltige Haferflocken oder ein anderes glutenhaltiges Getreide einrühren und diese Menge langsam steigern.

Wenn mehr als die Hälfte des Breies aus glutenhaltigen Flocken besteht, können Sie bei guter Verträglichkeit auch Breie komplett auf Basis von glutenhaltigen Flocken probieren.

Ganz generell gilt: Sie können durchaus auch bei einer Getreideart bleiben. Viel Abwechslung bei den Flocken erwartet Ihr Baby nicht. Eine neue Getreideart führen Sie dann ein, wenn die Packung leer ist. Mais und Hirse besitzen einen hohen Leucin-Gehalt, was zu einem höheren Nicotinsäure-Bedarf führt. Deshalb ist von einer ausschließlichen und alleinigen Verwendung von Maisgrieß oder Hirseflocken abzuraten.

Präventionsansatz Zöliakie

Obwohl 25 Prozent der Bevölkerung die genetische Disposition für eine Zöliakie in sich tragen, erkranken nur ca. 1 bis 2 Prozent. Durch die Gabe von geringen Mengen Gluten ab dem 5. Lebensmonat und gleichzeitigem Stillen erhoffen sich die Wissenschaftler einen höheren präventiven Nutzen, als wenn das Zufüttern glutenhaltiger Breie über 6 Monate und länger hinausgezögert wird. Die ersten und vorläufigen Ergebnisse der TEDDY-Studie – einer groß angelegten europäischen Ernährungsstudie – zeigen, dass das Stillen bis einschließlich 6. Monat und die Zufuhr von kleinen Mengen Gluten zwischen dem 5. und 6. Monat das Risiko für eine Zöliakie um 50 Prozent senken.

Frischkornbrei

Vielleicht möchten Sie Ihrem Baby lieber einen Frischkornbrei zubereiten, dessen Körner Sie in der Getreidemühle zuvor selbst gemahlen haben. Lassen Sie das Wasser mit dem Getreide richtig aufkochen. Zum einen wird das Getreide so weicher und ist besser aufgeschlossen, als wenn es nur in kaltem Wasser eingeweicht wird, zum anderen werden so die Eiweiße denaturiert und sind besser verträglich. Dies gilt auch, wenn Sie das Getreide selbst mit einer Flockenmühle zerquetschen oder Getreideflocken kaufen. Ein Rezept für Frischkornbrei finden Sie auf (S. 89).

Früchtchen für die Kleinen

Obst wird nach dem Getreide schrittweise eingeführt. Hier gilt: Mit gekochtem Obst beginnen, denn es ist leichter zu verdauen. Obstmus zu Anfang stets unter Getreidebreie mischen, denn so wird die enthaltene Säure abgepuffert. Der Fruchtanteil darf mit der Zeit zunehmen. Babys sind Gewohnheitstiere. Apfelmus unter Getreidebrei gemischt können sie wochenlang essen. Neben Apfelmus sind Banane und Birne sehr beliebt. Wichtig zu wissen ist, dass ein regelmäßiger Wechsel zwischen 2 bis 3 Obstsorten für eine gute Vitaminversorgung reicht. Eine zu große Abwechslung überfordert eventuell Ihr Baby eher, als dass sie nützt.

Die ersten Zähne sind da

Ihr Baby hat mit 9 Monaten meist schon mehr als nur 1 Zahn. Mit dem Zahnbeißring hat es das Kauen ohne Nahrungsmittel schon mal geübt und auch die eigenen Fingerchen sind oft beliebte Übungswerkzeuge zum Kauen.

Nun wird der Schwierigkeitsgrad mit etwas festeren Bestandteilen in der Nahrung erhöht. Ihr Kind lernt die Kombination aus Kauen und Schlucken. Zum Kauen und Schlucken braucht man nicht nur ein paar Zähnchen, sondern auch eine bewegliche Zunge, die den Nahrungsbrei hin und her schiebt und gut durchgekaut nach hinten zur Speiseröhre drückt. Die Beikost sollte daher mit kleinen Stücken versehen werden. Sie regen den Kau- und Schluckprozess an.

Baby led weaning – ein Trend aus Großbritannien

»Baby led weaning« heißt übersetzt »babygesteuertes Abstillen«, abgekürzt wird es mit BLW.

Streng genommen spielt beim Led weaning der Brei keine Rolle in der Säuglingsernährung. Das Baby bestimmt selbst, wann es welche Lebensmittel zum ersten Mal in seinem Leben probieren will und guckt dies von Geschwistern und Eltern ab. Seinen Hunger stillt es anfänglich über die Muttermilch oder die Säuglingsanfangsnahrung. Nach und nach isst es immer mehr das Essen der Großen und stillt sich dann selbst ab bzw. braucht keine Milch mehr aus der Flasche.

Immer mehr Eltern folgen dem BLW in Teilen. Ohne darüber nachzudenken oder den Begriff zu kennen, bieten sie ihren Kleinen Fingerfood vom eigenen Teller an. Die Kombination von Baby led weaning und Breikost ist besonders beim zweiten oder weiteren Kindern sehr beliebt und weitestge-hend alltäglich, denn Babys ahmen besonders gerne ihre älteren Geschwister nach. Häufig versuchen sie, sich Essen vom Teller der anderen zu nehmen und sind glücklich, dass sie wie die anderen Kinder am Tisch essen können. In der Regel werden diese Kinder wie ihre älteren Geschwister mit Breien gefüttert.

Baby led weaning wird vom Berufsverband der Kinder- und Jugendärzte jedoch kritisch bzgl. Nährstoffversorgung gesehen, doch gibt es auch Verfechter dieses Trends in Deutschlands. Vereinzelt bieten Hebammen Kurse zu diesem Thema an.

Baby led weaning stellt für Babys, die nun mal Breie ablehnen, was selten vorkommt, eine Alternative dar. Die Sorge, dass falsch oder zu wenig gegessen wird, ist berechtigt, wenn ausschließlich sehr salzhaltige und kalorienreiche Lebensmittel aufgetischt werden oder das Kind noch gar nicht in der Lage ist, eigenständig zu essen. Dies liegt vor, wenn der Zungenstreckreflex noch vorhanden ist und der Pinzettengriff noch nicht erlernt worden ist.

Beachten muss man auch, dass einem Baby ab dem 4. Lebensmonat bis zum 1. Lebensjahr die Milchschneidezähne durchbrechen. Die ersten Milchbackenzähne folgen danach. Ein roher und harter Möhren-Stick wird nicht gekaut und kann nur unzureichend verdaut und die darin enthaltenen Nährstoffe aufgenommen werden. Eine weiche Bratwurst dem Baby zu überlassen, ist bezüglich der Nährstoffe nicht sinnvoll. Doch Eltern, die sich

für Baby led weaning entscheiden, setzen sich meist intensiv mit dem Thema auseinander und entscheiden sich für geeignete Lebensmittel. Auch ist reines Baby led weaning selten, oft vermischen sich die Essformen im Babyalltag.

Eine Kombination aus Stillen (Säuglingsanfangsnahrung) – gekochtes Fingerfood – Babybrei ist der Klassiker. Stillen Sie 4 oder 6 Monate ausschließlich. Nach dem sechsten Monat ist der ideale Zeitpunkt, mit dem Baby led weaning zu beginnen, wenn Sie dies wollen. Manche Kinder verlangen eher danach, dann probieren Sie es gerne schon mal früher aus. Was immer Sie kochen, schauen Sie, ob etwas Geeignetes für Ihr Baby dabei ist. Sie kochen z. B. Lachs mit Kartoffeln und Brokkoli. Zeigt Ihr Kind Interesse, dann bieten

Sie gekochten Brokkoli und Kartoffeln fingergerecht geschnitten an. Klappt das, so dürfen Sie auch ein kleines, gut auf Gräten geprüftes Stück Lachs geben. Ihr Kind wird Ihnen bei Interesse schon deutlich machen, wovon es mehr möchte. Wenn Sie Kartoffelbrei mit Sauerkraut und Bratwürstchen essen: Sauerkraut halte ich für zu schwer verdaulich. Bevor Sie die Kartoffeln pürieren, nehmen Sie 1 Kartoffel für Ihr Kind weg. Die Wurst ist zu salzig, um sich satt zu essen, ein bis zwei Scheibchen zum Probieren, dann sollte auch bei großem Interesse Schluss sein. Bei Spaghetti Bolognese würde ich den Anteil der Spaghetti zur Sauce groß halten. Die Spaghetti zu essen, macht Ihrem Kind hoffentlich Spaß. Wenn Ihr Kind nicht wirklich isst, sondern eher viel mit den Lebensmitteln spielt, dann gibt es noch einen Brei. Isst ihr Kind begeistert mit, braucht es keinen Zusatzbrei. Das liegt in Ihrem Ermessensspielraum. Solange der Kinderarzt mit dem Gewicht Ihres Kindes zufrieden ist, ist alles gut bezüglich der Mengen.

Ablaufplan Baby led weaning

Nach dem 6. Monat: gekochte Kartoffeln und Gemüse: z.B. Möhre, Kürbis, Kohlrabi, Blumenkohl, Brokkoli, Fenchel, Zucchini (kein Sauerkraut, Rotkohl etc).

Nach dem 7. Monat: plus Fleisch in dünne Streifen, auch mal paniertes Schnitzel, Wiener Würstchen, Bratwurst usw. (20 g reicht, bedenken Sie den Salzgehalt) plus Nudeln und Brot ohne oder auch mit Butter und Margarine, plus Banane.

Nach dem 8. Monat: Obst in kleinen Mengen (2×30 g am Tag). Achtung, bekommt Ihr Kind einen wunden Popo, dann liegt es oft an der Säure vom Obst. Bitte weglassen und vielleicht doch eher auf Apfelmus oder anderes gekochtes Obst ausweichen.

Vorteile des Baby led weaning

Die Auswahl an Lebensmitteln ist größer, aber das Risiko gesundheitlich ungeeignete Lebensmittel (zu viel Salz und Eiweiß, sowie auch zu wenig Energie und Mikronährstoffe) anzubieten oder gar nicht zu essen, steigt ebenfalls.

Das Baby lernt sehr früh die unterschiedlichen Strukturen von Lebensmitteln kennen. Das Mundgefühl von Möhre und Brokkoli und Kartoffel ist unterschiedlich – als Brei gekocht gibt es diese Unterschiede nicht. Dies führt dazu, dass Babys, die led weaning kennengelernt haben, oft die besseren Esser beim Übergang in die Familienkost sind.

Wenn Sie auf der sicheren Seite sein wollen, kombinieren Sie Babybreie mit Fingerfood. So hat Ihr Baby die Wahl zwischen beidem und sie fühlen sich gut dabei.

Wichtig! Verzichten Sie auf harte, kleine Lebensmittel, wie Kichererbsen, Erdnüsse, Haselnüsse oder ähnliches. Die Erstickungsgefahr ist groß! Niemals Babys unbeaufsichtigt eigenständig essen lassen. Verschluckt sich Ihr Baby, dann müssen Sie sofort reagieren können.

Essen wie die Großen

Ihr Kind hat mittlerweile einen festen Platz am Familientisch. Ganz stolz sitzen die meisten Babys auf ihren Hochstühlen und freuen sich, dass sie dazugehören. Jetzt wollen sie langsam, aber sicher auch all das essen, was die anderen so essen. Die Rezepte ab Seite 115 sind für Eltern und Kinder konzipiert. Zwischen dem 10. Monat und dem Erreichen des 1. Lebensjahrs werden Sie Ihr Baby langsam an die Familienkost gewöhnen.

Salzen – aber sparsam

Isst das Baby nun beim Familienessen mit, sollte möglichst sparsam bzw. gar nicht gesalzen werden. Die kleinen Nieren sind noch nicht voll ausgereift, um große Mengen an Salz wieder auszuscheiden. Wenn Sie sich unsicher sind, was sparsam ist, sollten Sie salzlos kochen und am Familientisch salzt jeder sein Essen selbst nach. Auch Schinken und Wurst sind aufgrund ihres hohen Salzgehalts keine babygeeigneten Brotbeläge. Pökelware wie zum Beispiel Schinken enthält außerdem Nitritpökelsalz. Ist das Kind unter 1 Jahr, reicht es aus, wenn es Brot pur oder dünn mit Butter oder Margarine bestrichen isst.

Warum Jodsalz? Wenn Sie salzen, verwenden Sie fluoridiertes und jodiertes Salz. Jod ist wichtig für die Bildung der Wachstumshormone. Fluorid härtet Knochen und Zähne.

Häufig gestellte Fragen zur Babyernährung

Darf ich Breie würzen?

Breie zu salzen ist unnötig und für die Nieren des Kindes viel zu belastend. Wenn Sie Ihr Baby jedoch allmählich an das Familienessen gewöhnen wollen, können Sie ab dem 8. Monat das eine oder andere Kraut unter die Mittagsmahlzeit mischen. Um eine spätere Geschmacksexplosion beim ersten gemeinsamen Familienessen zu minimieren, ist das Würzen sogar sinnvoll. Auch hier gilt: Schritt für Schritt neue Kräuter ausprobieren. Verwenden Sie am besten frische Bio-Kräuter. Sie enthalten viele Vitamine, die in getrockneten Kräutern verloren gegangen sind. Geeignet sind Petersilie, Dill, Schnittlauch oder auch Basilikum. Die fein gehackten Kräuter rühren Sie erst am Ende der Kochzeit unter den Brei, so bleiben die Vitamine und der Geschmack am besten erhalten.

Kauen macht Spaß

Kauen ist für Ihr Baby eine neue Herausforderung, die Spaß macht. Da gibt es viele Lebensmittel, mit denen man das Kauen und Schlucken so richtig spannend entdecken kann, denn sie fühlen sich alle im Mund anders an.

Banane: Kinder können statt des Breis auch mal eine Banane als Zwischenmahlzeit bekommen. In die weiche Banane zu beißen, finden die meisten Babys klasse.

Apfel: Mit einer Apfelspalte können einige Kinder wunderbar das Abbeißen und Kauen üben. Andere wollen den Apfel nur in kleine Happen geschnitten essen. Das Kauen lässt sich mit beiden Varianten erlernen. Manche Kinder spucken stets die Schale aus. Falls Ihnen das Aufsammeln von Schalenresten zu lästig ist, schälen sie den Apfel. Besser geschälte Äpfel als gar keine.

Brot: Brotrinde ist äußerst beliebt, aber auch an Zwieback und Knäckebrot wird gerne gekaut und gelutscht.

Möhre: Auch ein Stück geschälte Möhre findet seine Fangemeinde. Meist werden die Zähne nur gewetzt und das Baby beißt gar nicht ab.

Kekse: Es spricht nichts gegen einen Keks. Jedoch solange Ihr Kind nicht danach verlangt, ist es überflüssig, Ihrem Kleinen Kekse zum Kauenlernen anzubieten.

Vollkornprodukte: Babys, die in der Übergangsphase vom Brei in die Familienkost sind, können Sie auch mal einen Gemüsebrei mit ein paar unpürierten Nudeln geben. Auch Vollkornreis oder Bulgur muss zum Ende der Breiphase hin nicht püriert werden. Ein stückiger Brei regt das Kauen an und schafft einen sanften Übergang zum Essen wie die Großen.

Kuhmilch auch aus der Flasche?

Im 1. Lebensjahr sollten Babys als Milchgetränk nur Muttermilch oder industriell hergestellte Säuglingsmilch bekommen. Pre- und 1-Nahrungen reichen völlig aus, auf Folgemilch 2 und 3 kann verzichtet werden. Kuhmilch enthält im Vergleich zu Muttermilch zu viel Eiweiß und zu wenig Jod und Eisen. Zu viel Kuhmilch kann möglicherweise später auch Übergewicht begünstigen. Außerdem hemmt sie die Aufnahme von Eisen. Eine Ausnahme gibt es: Für den täglichen Milchbrei ist normale Kuhmilch erwünscht, damit die Kleinen ausreichend mit Kalzium versorgt werden.

Vorsicht bei kleinen und harten Lebensmitteln

Kinder können sich leicht verschlucken. Verzichten Sie daher besser auf kleine und gleichzeitig harte Lebensmittel wie beispielsweise ganze Nüsse, Kürbis- oder Sonnenblumenkerne. Diese gelangen beim Verschlucken sehr leicht in die Luftröhre.

Sind Joghurt und Quark erlaubt?

Quark, Joghurt und auch Käse sind ebenso wie Kuhmilch zu eiweißreich und belasten die unreifen Nieren zu stark. Bei Quark- und Quarkspeisen sollten Sie besonders vorsichtig sein. Quark enthält 13 g Eiweiß pro 100 g. Er hat somit mehr als 4-mal so viel Eiweiß wie Joghurt und Milch. Im Handel finden Sie durchaus spezielle Baby-Quark-Desserts, auf denen mit dem Hinweis »ab dem 7. oder 8. Lebensmonat geeignet« geworben wird. Nach Meinung der großen Fachgesellschaften wie der Deutschen Gesellschaft für Ernährung oder dem Forschungsinstitut für Kinderernährung sind diese Produkte überflüssig.

Was ist mit Prä- und Probiotika?

An prä- oder probiotischer Säuglingsmilch kommen Sie kaum noch vorbei. Ob sie gesunden Babys tatsächlich nützt, ist bislang nicht zweifelsfrei erwiesen. Darauf weisen die Deutsche Gesellschaft für Ernährung (DGE) wie auch die Ernährungskommission der Deutschen Gesellschaft für Kinder- und Jugendmedizin (DGKJ) immer wieder hin. Es wird ausdrücklich darauf hingewiesen, dass bei Frühchen, herzkranken Säuglingen und bei Babys mit geschwächtem

Immunsystem auf Probiotika in der Säuglingsanfangsnahrung verzichtet werden soll. Ab der 2. Lebensjahrhälfte sehen die Experten keine Nachteile, aber dennoch fehlt bislang der endgültige Beleg dafür, dass diese Produkte das Immunsystem stärken.

Übrigens: Präbiotika sind unverdauliche Nahrungsbestandteile, die das Wachstum von gesunden Mikroorganismen im Dickdarm fördern. Probiotika sind lebende, Milchsäure bildende Mikroorganismen. Durch den Zusatz von Präbiotika bzw. Probiotika in der Säuglingsanfangsnahrung kommt es zu einer ähnlichen Darmbesiedlung wie bei gestillten Babys. Die Anzahl der hilfreichen Bifidobakterien steigt. Dieses Phänomen könnte Babys mit einem familiär bedingt hohen Allergierisiko eventuell nützen. Um das zu bestätigen, müssen aber erst noch umfangreichere Studien durchgeführt werden.

Darf ich Eier geben?

Da Hühnereiweiß nicht selten eine Nahrungsmittelallergie auslöst, galt lange der Rat, bei allergiegefährdeten Kindern im 1. Jahr auf Hühnereier zu verzichten. Doch da heute eine frühzeitige Ausei-

nandersetzung mit den potenziellen Allergenen erwünscht ist, lässt sich das generelle Eierverbot ad acta legen. Es ist aber nicht die Rede davon, dass Sie Ihrem Baby nun morgens ein Frühstücksei zu essen geben, das wäre zu viel Eiweiß für die noch unreifen Nieren. Doch wenn es Interesse zeigt, an Ihrem Frühstücksei zu probieren, dürfen Sie gerne mal ein Löffelchen füttern. Eiweiß oder auch Eigelb ist übrigens auch häufig Bestandteil von Gläschenkost und versteckt sich in Nudeln, Keksen oder Zwieback. Der Verzehr dieser Produkte ist heute kein Grund mehr zur Besorgnis, sondern in kleinen Mengen in der 2. Lebensjahrhälfte völlig okay.

Darf mein Baby Kohl essen?

Verzichten Sie möglichst auf alles, was schwer verdaulich ist. Gemüse wie Rotkohl, Weiß- oder Rosenkohl, aber auch Hülsenfrüchte haben eine zu lange Verweildauer im Magen-Darm-Trakt. Der Darm der Babys ist noch nicht fertig ausgereift, daher verursachen ihnen diese Gemüsesorten besonders häufig Blähungen und Bauchschmerzen. Ein oder zwei Esslöffel von Mamas oder Papas Teller probieren lassen ist unbedenklich. Auch dürfen Sie gerne bei

einem vegetarischen Mittagsbrei 10 g
rote Linsen mitgaren.

Warum ist Honig tabu?

In den Getreidebrei gehören weder
Zucker, Süßstoff noch Honig. Süßstoffe
haben in der Babykost absolut gar nichts
zu suchen. Vor Honig wird in regelmä-
ßigen Abständen gewarnt, denn in kalt
geschleudertem Honig, der nicht erhitzt
wird, befinden sich gelegentlich Sporen
des Bakteriums *Clostridium botulinum*.
Für Erwachsene sind sie in den nor-
malen Verzehrsmengen unbedenklich,
doch der unreife Darm des Säuglings
kann sich nicht ausreichend gegen diese
Keime wehren. Die Bakterien lösen
im schlimmsten Fall einen Säuglings-
botulismus mit dem Symptom einer
Atemlähmung aus. Daher: Geben Sie
keinen Honig in die Babykost. Mag kalt
geschleuderter Honig auch sonst noch
so gesund sein!

Wie viel Fleisch?

Idealerweise sollte die Fleischmenge im
Mittagsbrei zwischen 20 und später 30 g
bis Ende des 1. Lebensjahrs betragen.
Das an der Fleischtheke von Verkäufe-
rinnen so nett gemeinte Angebot einer

Scheibe Wurst sollte bis zur Einführung des Familienessens freundlich
von Ihnen abgelehnt werden. Es wird
Sie später noch ausreichend stressen,
wenn Ihr Kind mit der Erwartungshal-
tung »Scheibe Wurst« im Supermarkt
steht. Beim Selbstkochen mögen die
meisten Eltern lieber fleischlos kochen,
da Ihnen der Umgang mit den kleinen
Mengen Fleisch so schwierig erscheint.
Kochen Sie doch daher gleich 250 bis
500 g Fleisch am Stück. Pürieren Sie das
Fleisch und frieren Sie es in Eiswürfel-
bereitern ein. Tauen Sie 2 bis 3 Würfel
zu jeder Fleischmahlzeit auf und rühren
Sie das Fleisch unter den Gemüsebrei. So
ist Ihr Kind optimal mit Eisen versorgt.
Sie können aber auch fertig zubereitetes
Fleisch für Babys im Glas kaufen und
unter die Gemüsegerichte rühren. Übrigens: Oft wird Rindfleisch empfohlen, da
es im Vergleich zu anderen Fleischsor-
ten besonders reich an Zink ist.

Wie abwechslungsreich soll es sein?

Viele Eltern meinen, je mehr Gemüsesorten ihr Kind bei der Mittagsmahlzeit
isst, desto gesünder ist ihr Baby ernährt,
und machen sich daher einen riesigen
Stress beim Kochen. Es verhält sich aber

ein bisschen anders. Der 1. Brei ist für Babys ein wunderbares Geschmacks-erlebnis. Es besteht also keine Gefahr, dass den Babys der Möhrenbrei lang-weilig wird. Wenn Ihr Baby am Ende des 1. Lebensjahres 4 bis 5 Gemüsesorten kennt, ist das ausreichend! Qualität kommt hier vor Quantität. Lieber frisches Bio-Gemüse passend zur Saison als zu viele Gemüsesorten durcheinander.

Warum neuerdings Fisch?

1 bis 2 Fischmahlzeiten werden pro Woche Erwachsenen empfohlen, doch in der Säuglingsernährung wurde Fisch lange sträflich vernachlässigt. Auch für Babys ist Seefisch gesund. Er ist die wichtigste natürliche Jodquelle und sein Eiweiß ist gut verdaulich! Fettfische wie Lachs, Hering und Makrele sind besonders reich an Omega-n-Fettsäu-ren. Außerdem gibt es Hinweise, dass Fisch im Babybrei das Kind vor der Entstehung von atopischen Erkrankun-gen wie Neurodermitis schützt. Fisch wird daher heute ab dem 7. Monat empfohlen. 20 bis 30 g pro Woche sind schon ausreichend. Und die meisten Kinder mögen übrigens Fisch, da er so schön weich ist. Wichtig ist dabei, dass der Fisch grätenfrei und möglichst

schadstoffarm ist. Mein Tipp: Nehmen Sie Seelachsrückenfilet aus dem Atlan-tik oder Lachsfilet von einer Biofarm. Ferner sollten Sie beim Fischeinkauf auf das MSC-Siegel achten. Beim Kauf dieser Produkte tragen gegen die Überfischung der Meere und für die Nachhaltigkeit in der Fischerei bei.

Kann ich nitrathaltiges Gemüse füttern?

Blattgemüse wie Spinat und Mangold haben einen höheren Nitratgehalt als Fruchtgemüse wie Zucchini oder Pap-rika. Frisches Gemüse wird hinsichtlich des Nitratgehalts in drei Gruppen ein-gestuft: hoch, mittel und niedrig. Spinat gehört in die Kategorie mit hohem Nitratgehalt, ebenso wie Blattsalate, Mangold, Rote Bete, Weißkohl und Wirsing. In der Gruppe mit mittlerem Nitratgehalt (zwischen 500 und 1000 mg Nitrat pro Kilo) finden sich Möhren, Blu-menkohl und Zucchini. Niedrig (unter 500 mg/kg) ist der Gehalt beispielsweise in Kartoffeln, Erbsen und Tomaten.

Alle Pflanzen brauchen Nitrat für ihr Wachstum, für den menschlichen Kör-per ist diese Stickstoffverbindung nicht verdaulich, aber ungiftig.

Jeder nimmt täglich etwa 100 mg Nitrat durch Gemüse und andere Lebensmittel sowie durch Leitungswasser auf. Ein Teil des Nitrats wird ausgeschieden, ein anderer Teil von körpereigenen Bakterien in Nitrit umgewandelt. Dieser Stoff bindet Eisen im Körper und erschwert dadurch den Sauerstofftransport im Blut. Außerdem können sich aus Nitrit sogenannte Nitrosamine bilden, die im Verdacht stehen, krebserregend zu sein.

Daher hat die WHO eine tolerierbare tägliche Aufnahmemenge für Nitrat festgelegt. Dieser so genannte ADI-Wert umfasst bei Erwachsenen und Kindern ab 3 Monaten eine tägliche Menge von 0 bis 3,7 Milligramm pro Kilo Körpergewicht. Gelegentliche Überschreitungen werden nicht als gesundheitsschädlich erachtet, nur sollte man nicht auf Dauer zu viel Nitrat zu sich nehmen.

In Deutschland gibt es zulässige Nitrat-Höchstmengen für Nahrung und Getränke. Diese beinhalten für Trinkwasser 50 mg pro Liter und für Mineralwasser, das für die Zubereitung von Säuglingsnahrung geeignet ist, 10 mg pro Liter. Für industriell gefertigte Säuglings- und Kleinkindernahrung (Gläschenkost) gelten 250 mg Nitrat pro Kilogramm.

Da aber noch nicht alle Auswirkungen von Nitrit und vor allem der Nitrosamine ausreichend erforscht sind, rät das Bundesinstitut für Risikobewertung allen Verbrauchern, auf eine möglichst geringe Nitratzufuhr zu achten und nitratreiche Gemüse nur in Maßen zu essen.

Wenn Sie folgende Tipps beherzigen, können Sie Ihrem Baby ohne Bedenken Spinat oder Mangold geben: Füttern Sie Breie mit nitratreichem Gemüse nicht häufiger als 2-mal die Woche. Entfernen Sie vor dem Kochen von Blattgemüse die äußeren Blätter, die Stiele und die Rippen. Diese sind besonders nitratreich. Wässern Sie Spinat beim Putzen, anstatt ihn in einem Abtropfsieb abzuwaschen. Durch Kochen reduziert sich der Nitratgehalt. Wenn Sie Spinat blanchieren oder garen, sinkt die Nitratmenge um bis zu 70 Prozent. Schütten Sie das Kochwasser anschließend weg.

Den spinathaltigen Brei sollten Sie nicht warmhalten oder mehrmals aufkochen. Wenn Sie in großer Menge spinathaltigen Brei gekocht haben, können Sie ihn aber sofort, wenn er fertig ist, portioniert einfrieren, später bei Bedarf auftauen und erneut warm machen. Damit hat er nicht Unmengen an Nitrit.

Achten Sie auf die Jahreszeit. Essen Sie nitratreiches Gemüse vor allem in lichtstarken Monaten (etwa April bis Oktober). Je mehr natürlichen Lichteinfluss das Gemüse beim Wachstum hatte, desto weniger Nitrate enthält es. Spinat am Abend geerntet hat weniger Nitrat als am Morgen.

Muss ich auf den Oxalsäuregehalt achten?

Mangold, Spinat und Rhabarber sind die Spitzenreiter unter den heimischen Gemüse, was den Oxalsäuregehalt betrifft. Unter den »Exoten« haben Yams mit 480–780 mg pro 100 g und Süßkartoffeln mit 280–570 mg pro 100 g einen hohen Oxalsäuregehalt. Werden Breie mit diesen Gemüsen häufig gegessen, ist es äußerst wahrscheinlich, dass die Aufnahme von Kalzium, Magnesium und Eisen aus dem Darm in die Blutbahn und zu ihren Wirkungsorten verringert ist. Der Oxalsäuregehalt lässt sich aber vermindern, wenn man das Kochwasser von Yams und Süßkartoffeln weggießt. Sie dürfen Ihrem Baby Breie mit diesen Lebensmitteln kochen und füttern, aber nicht häufiger als 1- oder 2-mal in der Woche.

Was tun bei Verdauungsproblemen?

Die Ursachen können vielfältig sein: Sind es die Dreimonatskoliken? Oder essen Sie als stillende Mutter blähende Speisen? Schreit Ihr Baby viel und schluckt dabei Luft? Oder sind Sie als Eltern unruhig und unsicher und überträgt es sich auf Ihr Baby? Die Ursachen sind nicht leicht zu beheben, doch Folgendes können Sie tun: Meiden Sie blähende Speisen. Legen Sie ein wärmendes Kirschkernkissen auf den Bauch des Babys. Eine Bauchmassage – Kreisen im Uhrzeigersinn – ohne Öl oder auch mit Kümmelöl kann hilfreich sein. Heiltees mit Fenchel, Anis oder Kümmel können helfen. Auch die Säuglingsnahrungsmilch kann damit statt mit Wasser hergestellt werden.

Und vor allem: Bleiben Sie gelassen. Das ist schwer, ich weiß. Schaffen Sie sich Erholungspausen von Ihrem Baby und treffen Sie sich mit anderen Eltern, deren Babys gleichaltrig sind. Der Austausch hilft. Und wenn Sie ganz verzweifelt sind, rufen Sie Ihre Hebamme an oder gehen Sie zu Ihrem Kinderarzt.

Mein Kind spuckt viel! Ist das schlimm?

Nein, wenn das Zunehmen und Wachsen ganz normal verläuft, dann gilt der althergebrachte Satz: »Speikinder sind Gedeihkinder«. Manche Babys haben einen extrem starken Reflux. Mit dem »Bäuerchenmachen« speien sie immer einen Schwall Milch oder auch Brei aus. Es wird angenommen, dass diese Kinder beim Schlucken extrem viel Luft mitschlucken, und die muss wieder aufgestoßen werden, sonst haben diese Babys häufig Bauchschmerzen. Es ist extrem wichtig, nach der Mahlzeit das Baby hin und her zu tragen, damit es seinen »Rülpser« machen kann. Nimmt Ihr Kind nicht zu und hat Untergewicht, suchen Sie den Kinderarzt auf.

Warum sind aufgetaute Breie mit Kartoffeln so faserig?

Nein, Sie machen nichts falsch, es ist ganz normal, dass ungebundene Breie nach dem Auftauen ein faseriges Aussehen haben. Durch das Erwärmen und Rühren bekommen sie ihre alte breiige Konsistenz zurück. Sie brauchen den Brei nicht ein zweites Mal zu pürieren. Es reicht, wenn Sie beim Aufwärmen mit dem Kochlöffel durch den Brei rühren.

Was ist mit Süßigkeiten?

Bonbons, Gummibärchen oder sogar Kaugummi sollten Sie Ihrem Kleinkind nicht geben. Diese bergen das Risiko des Verschluckens und Erstickens. Schon so manche Eltern sind in Panik mit ihrem Baby ins Krankenhaus gefahren, um das nicht gelutschte oder gekaute, sondern verschluckte Bonbon aus der Speiseröhre entfernen zu lassen. Bei Schokolade besteht zwar weniger die Gefahr des Verschluckens, doch obwohl uns Schokolade gut schmeckt, fehlt den Kleinen, solange wir sie nicht darauf bringen, das Interesse an Schokolade. Verkneifen Sie sich den Wunsch, Ihr Baby mit Schokolade zu belohnen. Es wird spätestens im Kindergartenalter danach fragen und dann ist auch der richtige Zeitpunkt, dass Ihr Kind Schokolade und Kakao probiert.

Ohne Süßes – geht das auch?

»Ohne Süßes geht es nicht«, hören gesundheitsbewusste Eltern sehr schnell. Lassen Sie sich von solchen Äußerungen nicht aus dem Konzept bringen. Babys gedeihen prima ohne Süßigkeiten. Scheinbar gehören für die meisten Kinder Gummibärchen und Schokolade zu den Grundnahrungsmitteln und die

Erwachsenenwelt hat das längst akzeptiert. Laut einer Umfrage der Zeitschrift »Eltern« geben mehr als 50 Prozent der Eltern ihren Kindern täglich oder mehrmals täglich etwas zum Naschen. Nur 1,5 Prozent der Kinder müssen ganz auf Süßes verzichten. Jedoch ist nicht immer richtig, was alle machen. Das natürliche Bedürfnis nach Süßem lässt sich durch Obstmahlzeiten wie Banane oder Apfel, aber auch mit Brot und Zwieback zwischendurch bei den Kleinsten problemlos stillen.

Kekse – aber welche?

Kein Baby verlangt wirklich nach Keksen. Kekse geben den Eltern nur das Gefühl, dem Kind etwas Gutes getan zu haben. Auf Kekse hat sich die Babykostindustrie spezialisiert. Vitaminzusätze beruhigen das schlechte Gewissen, aber sie sind nicht nötig. Schaden tun sie jedoch auch nicht. Insbesondere, wenn ältere Geschwister da sind, hat man kaum eine Chance, sein Kind das 1. Jahr ohne Süßigkeiten zu erziehen. Daher sind Kekse mit möglichst wenigen Zutaten die beste Süßigkeitenalternative. In kleinen Mengen und ab und zu gegeben, verursachen sie weder Übergewicht noch Karies.

Ab wann ist Kakao in Ordnung?

Ihr Baby verträgt je nach Beginn der Beikost im 8. bis 10. Monat Kakao (mit Säuglingsnahrungsmilch angerührt). Doch warum wollen Sie Ihrem Baby Kakao anbieten? Kakao hat überhaupt keinen gesundheitlichen Nutzen. Er ist bitter und schmeckt nur in Zusammenhang mit zusätzlich Zucker. Und Zucker hat keine zusätzlichen Nährstoffe und damit nur leere Kalorien. Kakao selbst hat Oxalsäure und vermindert so die Aufnahme des Kalziums aus der Milch.

Sind Quetschbeutel sinnvoll?

Sie beruhigen Ihr schlechtes Gewissen, indem die Hersteller mit gesundem Obst werben. Doch sind in diesen Beuteln in der Regel 100 g Obst und mehr drin. Das ist für eine Babymahlzeit deutlich zu viel. Ihr Baby isst bzw. saugt im Nu sehr viel püriertes Obst und bekommt so zu viel natürlichen Zucker auf einmal. Außerdem soll Ihr Baby das Kauen und Abbeißen lernen. Dafür ist ein Apfel- oder Birnenschnitz sowie ein Stück Banane besonders gut geeignet. Obst lässt sich in Stücken auch im Behältnis transportieren. Ein Quetschbeutel ist vielleicht etwas für schlechte Obstesser. Die gibt es selten!

Mit Liebe gekocht

Hier finden Sie Tipps und Tricks, die Ihnen das Breikochen so einfach wie möglich machen, und wie Sie geschickte Vorratshaltung betreiben.

Ran an den Herd

Wenn Sie für Ihr Baby kochen, müssen Sie ein paar Dinge in der Küche anders handhaben als sonst, beispielsweise nicht wie gewohnt das Essen warm halten. Erfahren Sie hier, was Sie bei der Zubereitung der Breie beachten sollten und wie Sie am geschicktesten vorgehen.

Vitaminschonend kochen

Vitamine sind äußerst empfindlich. Sie mögen weder viel Licht noch große Hitze, und sie gehen ins Kochwasser über. Vitaminschonend kochen heißt daher: nicht länger kochen als nötig. Richtwerte finden Sie in der aufgeführten Garzeitentabelle. Wenn Sie mehrere Gemüsesorten mischen, wählen Sie die Angaben von dem Gemüse mit der längsten Garzeit. Verwenden Sie möglichst wenig Wasser. Es reicht, wenn der Topfboden knapp mit Wasser bedeckt ist. Das Gemüse muss nicht im Wasser schwimmen. Vitamine sind lichtempfindlich, kochen Sie daher mit geschlossenem Deckel und lagern Sie das Gemüse immer im Gemüsefach Ihres Kühlschranks.

Die Rezepte sehen sehr geringe Wassermengen vor. Wenn Ihnen das nicht behagt, erhöhen Sie sie einfach. So sinkt die Gefahr des Anbrennens.

Hilfreiche Küchengeräte

- Küchenwaage
- Messbecher
- kleiner Kochtopf mit Deckel
  (für Einzelportionen)
- großer Topf oder Schnellkochtopf (fürs
  Kochen auf Vorrat)
- Gemüseschäler, Küchenmesser
- Schneebesen, Kochlöffel
- Pürierstab
- Frischhaltedosen oder Gläschen

BASICS

So lange braucht Gemüse, bis es gar ist

Gemüse	Garzeiten	Gemüse	Garzeiten
Blumenkohl in Röschen	ca. 10 Min.	Möhren, in Scheiben geschnitten	ca. 15 Min.
Brokkoli in Röschen	ca. 8 Min.	Pastinake, in Würfel geschnitten	ca. 15 Min.
Erbsen, blanchiert	ca. 5 Min.		
Fenchel, in Spalten geschnitten	ca. 6 Min.	Spinat, gehackt	ca. 3 Min.
Mangold, gehackt	ca. 3 Min.	Süßkartoffeln, in Würfel geschnitten	ca. 18 Min.
Kohlrabi, mundgerecht geschnitten	ca. 8 Min.	Zucchini, in Scheiben geschnitten	ca. 5 Min.
Kürbis, in Würfel geschnitten	ca. 6 Min.		

Breie bevorraten

Wenn Sie selbst nie fertige Gläschenkost
gekauft haben, bitten Sie andere Eltern
um entsprechende gebrauchte Gläschen,
in denen Sie die Breie einfrieren können.
Lassen Sie sich von ihnen jeweils 10
Gläschen geben. Die Größe der Gläschen
bietet eine gute Orientierung, um die
richtige Menge zu bestimmen.

Es gibt übrigens 4-, 6-, 8- und 12-Mo-
nats-Gläschen. Die Gläser gehen beim
Gefrieren ab und zu mal kaputt, was bei
einem Plastikbecher nicht passiert. Da
die Gläschen Sie ja nichts kosten, finde
ich persönlich, dass man den Schwund
verkraften und das kaputte Glas nebst
Inhalt einfach im Hausmüll entsorgen
kann. Natürlich können Sie die Breie
auch in kleinen Plastikbehältern
einfrieren.

• Kochen Sie den Brei nach Wahl mit
  Gemüse, Getreide und anderen Zutaten. Das Bevorraten ist auch gut dazu
  geeignet, verschiedene Gemüsesorten
  und andere Zutaten wie Getreide,
  Fleisch oder Fisch einzeln zu kochen
  und diese dann verschieden zu kombinieren.

2

- Pürieren Sie den Brei und füllen Sie ihn in die Gläschen um, die Sie verschließen und auskühlen lassen.

3

- Stellen Sie die Gläschen in den Gefrierschrank. Falls Sie keinen Gefrierschrank haben, können Sie die doppelte Menge einer Tagesration kochen und die 2. Portion für den nächsten Tag im Kühlschrank aufbewahren.

Fleisch bevorraten

Auch wenn Sie nicht viel Erfahrung mit dem Kochen von Fleischgerichten haben, wird es für Sie ganz leicht sein, Fleisch für Breie auf Vorrat zu kochen. Anfängern empfehle ich Schweine- und Rindfleisch, das Sie schon als fertig ge- würfeltes Gulaschfleisch kaufen können, sodass Sie sich selbst nicht die Mühe machen müssen.

Besonders bei Geflügelfleisch, also Hähnchen und Pute, ist es wichtig, dass Sie Brett und Messer hinterher gründ- lich mit Spülmittel und heißem Wasser reinigen und sich die Hände waschen. Hier besteht das Problem der Salmonel- lengefahr. Durchgegartes Geflügelfleisch ist salmonellenfrei.

• Kaufen Sie zwischen 250 g und 500 g Hähnchen- oder Putenbrust oder die gleiche Menge Schweine-, Rinder- oder Lammgulasch, und zwar stets in Bio-Qualität. Würfeln Sie es so groß wie Gulasch. Erhitzen Sie das Wasser in einen Topf. Es sollte so viel Wasser sein, dass das Fleisch nur halb bedeckt ist.

- Sobald das Wasser kocht, geben Sie das Fleisch hinzu und schalten den Herd herunter. Geflügelfleisch braucht 20 Min., Rind- und Schweinefleisch etwa 30 Min. und Lamm etwa 40 Min. Das Fleisch darf ruhig zerfallen. Es sollte auf jeden Fall weich sein. Jetzt können Sie das Fleisch samt Kochwasser pürieren. Haben Sie viel Kochwasser verwendet, dann gießen Sie vorher einen Teil ab. Es entsteht eine sämige Paste.

- Füllen Sie einen Eiswürfelbereiter mit der ausgekühlten Masse und stellen Sie ihn ins Gefrierfach. Das Fleisch braucht weder Salz noch Brühe oder Gewürze, es wäre für das Baby sogar nicht gut. Sie können gerne Suppengemüse hinzugeben, das muss jedoch nicht sein.

Fisch bevorraten

Fisch lässt sich problemlos mit anderen Zutaten direkt im Brei garen, daher muss man ihn eigentlich nicht extra auf Vorrat kochen. Doch vielleicht haben Sie einmal die Möglichkeit, eine größere Menge von der Bio-Fischfarm einzukaufen. Dann müssen Sie den Fisch noch am selben Tag weiter verarbeiten. Eingefroren haben Sie so einen größeren Vorrat und können den Gemüse-Kartoffel-Brei mal mit Fleisch, mal mit Fisch anreichern.

Unter den Fettfischen, die reichlich Omega-3-Fettsäuren enthalten, empfiehlt sich Lachs. Er lässt sich einfach zubereiten, doch wichtig ist, dass Sie ihn auf Gräten überprüfen und diese dann entfernen. Seelachsrückenfilet ist grätenfrei, jedoch handelt es sich hierbei um einen Magerfisch, der nur wenige Omega-3-Fettsäuren enthält.

- Kaufen Sie zwischen 250 g und 500 g grätenfreies Seefischfilet, z. B. Seelachsrückenfilet aus dem Atlantik oder Lachsfilet aus der Bio-Fischfarm. Spülen Sie das Fischfilet unter kaltem Wasser ab und kontrollieren es noch mal ganz genau auf Gräten. Falls Sie Gräten sehen, ziehen Sie diese mithilfe einer Pinzette heraus.

- Geben Sie den Fisch in einen Topf oder in eine Pfanne und fügen Sie genau so viel Wasser hinzu, dass der Boden mit Wasser bedeckt ist. Schalten Sie den Herd auf höchste Stufe und stellen Sie ihn auf kleinste Stufe zurück, sobald das Wasser zu kochen beginnt. Der Fisch ist in 5 bis 10 Minuten gar. Mit Ausnahme von Lachs ist das Fischfleisch durchgehend weiß. Lachs ist dann nicht mehr leuchtend orange, sondern blass lachsfarben.

- Den gegarten Fisch können Sie samt Kochwasser pürieren, sodass eine sämige Paste entsteht. Diese füllen Sie in einen Eiswürfelbereiter und ausgekühlt geben Sie die Fischmasse in den Gefrierschrank.

Auftauen und Erwärmen

Babybreie werden in Portionen eingefroren und am besten am Abend vor dem Gebrauch aus dem Gefrierschrank genommen und in den Kühlschrank gestellt. Dort tauen sie dann langsam auf. Die Breie sollten nicht unter direkter Sonneneinstrahlung oder im Hochsommer in der Küche auftauen. In Breikost können sich äußerst gut Keime vermehren und Babys sind gegen Keime empfindlicher als Erwachsene. Wenn es mal schnell gehen soll, kann man die Mikrowelle zum Auftauen tiefgefrorener Breie hinzuziehen.

Wenn Sie sicher sein wollen, dass der Babybrei nicht zu heiß wird, können Sie ihn im Fläschchenwärmer erwärmen. Dafür müssen Sie die Babybreie allerdings vorher in Gläschen eingefroren haben. Bevor Sie das Gläschen ins Wasserbad des Fläschchenwärmers setzen, sollten Sie sich vergewissern, dass der Inhalt komplett aufgetaut ist. Ist dies nicht der Fall, bleibt der Brei zu kalt. Sie können auch Breie, die Spinat enthalten, in großen Mengen kochen und später wieder erwärmen. Die Gefahr der Nitrosaminbildung besteht zwar, aber die Größenordnung wird

überschätzt. Einmal die Woche ein Spinat- oder Mangoldbrei, ob frisch oder aus den Vorrat, ist völlig in Ordnung. Zum Erwärmen eignet sich die Mikrowelle ebenfalls. Es ist vitaminschonender als im Topf auf dem Herd. Aber die Mikrowelle wärmt ungleichmäßig und es besteht die Gefahr von Hitzeinseln. Es ist daher besonders wichtig, dass Sie den Brei nach dem Erwärmen in ein Schälchen umfüllen und sehr gründlich umrühren.

Es kommt immer wieder zur Sprache, dass durch Mikrowellen mehr Inhaltsstoffe zerstört werden als durch konventionelles Erwärmen von Lebensmitteln, doch dies lässt sich in keiner Studie nachweisen. Wer aber trotzdem die Mikrowelle ablehnt, sollte dabei bleiben. Sie müssen sich bei der Zubereitung der Breie wohl fühlen. Erwärmen Sie dann den Brei im Wasserbad oder direkt im Topf.

Besser nicht warm halten
Das Warmhalten und erneute Erwärmen von Babykost birgt ein hohes Risiko von Infektionen. Die Gefahr ist groß, dass sich die Keimzahl im Brei stark erhöht und dem Baby das Essen nicht mehr

bekommt. Es reagiert in der Regel mit Durchfall und Bauchschmerzen.

Biokost – ja oder nein?

Wenn »Bio« oder »Öko« auf Produkten steht, bedeutet dies, dass die Erzeugung und Verarbeitung des Produktes nach den EU-Richtlinien des ökologischen Landbaus erfolgt sein müssen. Die Begriffe sind identisch, während »naturnah« oder »unbehandelt« ungeschützte Begriff sind und nicht mit Bio-Qualität verwechselt werden dürfen. Seit 2001 können Lebensmittel aus ökologischer Landwirtschaft mit dem sechseckigen staatlichen Bio-Siegel gekennzeichnet werden, seit 2010 auch mit dem EU-Bio-Siegel in Form eines Blattes. Selbst Discounter führen mittlerweile eine ganze Reihe von Bio-Lebensmitteln.

Wie wird »Bio« produziert?
Bioprodukte sind in der Regel im Einklang mit der Natur produziert und daher weniger belastet als herkömmliche Lebensmittel. Denn Biobauern verwenden keine chemisch-synthetischen Dünge- und Pflanzenschutzmittel. Sie setzen auf einen gesunden Boden

und die regulierende Wirkung einer durchdachten Fruchtfolge. Dadurch soll dem Unkrautwuchs und einem möglichen Schädlingsbefall vorgebeugt werden. Auf dem Biobauernhof sieht es in den Ställen ebenfalls anders aus als auf einem konventionellen Betrieb. Biobauern verpflichten sich zu einem verantwortungsvollen Umgang mit den Tieren. In der EU-Öko-Verordnung sind die artgerechten Haltungsbedingungen genau festgelegt, die auch regelmäßig überprüft werden: Hühner sollen scharren, Schweine sich suhlen und Rinder an der frischen Luft weiden. Riskante Produktionsmethoden werden im Bio- bzw. Öko-Landbau strikt abgelehnt, auch wenn sie höhere Erträge versprechen. Gentechnisch veränderte Organismen sind ebenso tabu wie das Verfüttern von Tiermehl oder der Einsatz von Hormonen.

Woher stammt die Möhre?
Ist es sinnvoll, dass wir unserem Baby Bio-Lammfleisch aus Neuseeland füttern oder holländische Bio-Möhren vom Discounter, wenn auf dem Wochenmarkt heimische Biobauern ihre Produkte anbieten? Natürlich sind regionale Bioprodukte teurer als die

Discounterware, doch der Mehrwert ist auch höher. Wer es sich finanziell leisten kann, der sollte darüber nachdenken, häufiger auf regionale Bioprodukte zu achten. Fast überall in Deutschland werden Bio-Äpfel, Bio-Möhren und andere Obst- und Gemüsesorten angebaut. Auch regionales Biofleisch ist nahezu überall zu haben.

Vorteile von Bioprodukten

Durch den Verzicht auf Chemie und Hormone befinden sich nur in wenigen Ausnahmefällen in den Produkten Rückstände von Pestiziden oder Schwermetallen. Ihr unerwünschtes Vorkommen ist in der Regel auf Umwelteinflüsse zurückzuführen. Der Verzicht auf das Verfüttern von Tiermehl reduziert auch das Risiko von BSE-verseuchtem Rindfleisch. Weniger Schadstoffe bedeuten weniger Belastung für den Körper. Babys sind aufgrund ihrer noch nicht voll ausgebildeten Niere empfindlicher in puncto Schadstoffe, daher ist das Füttern von Bioprodukten bei den Kleinen empfehlenswert, und Sie sind bei Ihrem Baby auf der sicheren Seite, wenn es um das Risiko der Übertragung des BSE-Erregers auf den Menschen geht. Groß angelegte Studien

belegen keinen wissenschaftlich nachweisbaren gesundheitlichen Vorteil.

Verfrühter Übergang zur Familienkost

Nicht bei allen Babys ist das Breiessen gleich beliebt. Es gibt Kinder, die lange gestillt werden wollen und Breie über lange Zeit verweigern, aber auch solche, denen das Essen der Erwachsenenkost viel interessanter als die Breikost erscheint. Stressen Sie sich nicht, wenn Ihr Baby lieber das isst, was auf Ihrem eigenen Teller liegt und nicht den Regeln der Babybreikost entspricht.

Vielleicht schießen Ihnen dann solche Gedanken durch den Kopf: »Ist das nicht zu viel Salz?« oder »Wie hoch ist denn nun die Eiweißmenge, die mein Baby isst?«. Richtig, das sind zwei Knackpunkte, aber vielleicht kann das verfrühte Interesse an der Erwachsenenkost auch mit einer vorangeschrittenen biologischen Entwicklung des Körpers Ihres Kindes zusammenhängen und es ist tatsächlich schon so weit. Die Wissenschaft gibt für die Entwicklungsphasen des Kindes ja nur Mittelwerte an. Und wenn wir Ernährungswissenschaftler mal ganz ehrlich sind, dann ist uns auch klar, dass die Beikost und der Brei eine Erfindung der Neuzeit sind. In Naturvölkern und auch bei unseren Vorfahren wurden die Babys gestillt und dann langsam und ganz automatisch an das Essen der Mutter herangeführt.

Wenn Ihre Kinder früh bei Ihnen mitessen, dann ist auf Folgendes zu achten:

- Schmecken Sie Ihre Gerichte nicht mit alkoholischen Getränken ab.
- Verwenden auch Sie keinen kalt geschleuderten Honig aufs Brot oder in Süßspeisen, da er Sporen von Clostridium botulinum enthalten könnte.
- Keine ganzen Nüsse oder Mandeln (in Musli) oder Kichererbsen, Bohnenkerne usw. in Eintöpfen verwenden. Hier könnte sich das Baby verschlucken. Sitzt ein kleiner Fremdkörper in der Speiseröhre fest, geht's sofort ab zur Notfallambulanz!
- Keine Vorzugsmilch ungekocht verwenden. Auch Gerichte mit rohen Eiern nicht probieren lassen. Die Gefahr von einer Lebensmittelvergiftung ist zu hoch und gefährlich.
- Salzen mit Maß, dann darf das Baby auch von Ihrem Essen probieren. Wenn geplant ist, dass Ihr Baby mitisst, salzen Sie lieber erst bei Tisch und geben Sie Ihrem Baby das ungesalzene Essen.
- Scharfe Gewürze, so heißt es, vertragen Babys schlecht, doch wenn Sie als Schwangere auch schon immer scharf gegessen haben, ist Ihr Baby schon etwas daran gewöhnt.
- Vollkornprodukte – ungekocht – können Bauchweh verursachen. Probieren Sie es aus! Vielleicht ist alles gut, denn die Menge ist entscheidend.
- Hülsenfrüchte müssen auf jeden Fall richtig weich gekocht sein und zerfallen, sonst ist die Gefahr des Verschluckens zu groß. Rote Linsen funktionieren als kleiner Anteil in einer Gemüsesuppe vermutlich besser, denn sie sind schnell weich.
- Salzhaltiger Belag wie Schinken und Käse sollte nicht Bestandteil des Abendbrots sein.
- Quarkspeisen lassen sich durch Grieß- und Milchbrei austauschen, umgekehrt geht das dann auch in der Erwachsenenkost.
- Bleiben Sie locker: Lassen Sie Ihr Kind ruhig möglichst viel probieren. Meine 8-monatige (Stief-)Enkelin hat auf Opas Geburtstag ihre erste schwarze Olive ohne Kern gegessen – es hat ihr geschmeckt!

Die Rezepte

Ob Brei für die ganz Kleinen oder Kindgerechtes für die »Großen« – die folgenden Rezepte versorgen Ihr Baby optimal mit allem, was es braucht.

Der richtige Brei zur richtigen Zeit: Babys Breie im 1. Lebensjahr

Nach dem 4. Monat beginnt die Einführung der Beikost stufenweise –
bis Ihr Kind mit 1 Jahr so essen kann wie die Großen.

Stufe	Frühstück	Zwischenmahlzeit
Stufe 1 nach dem 4. Monat bzw. 6. Monat	Muttermilch/Säuglingsmilch	Muttermilch/Säuglingsmilch
Stufe 2 nach dem 5. Monat bzw. 7. Monat	Muttermilch/Säuglingsmilch	Getreide-Obst-Brei (auch nachmittags möglich)
Stufe 3 nach dem 7. Monat bzw. 9. Monat	Muttermilch/Säuglingsmilch (auch abends möglich)	Getreide-Obst-Brei
Stufe 4 nach dem 9. Monat bzw. 11. Monat	Muttermilch/Säuglingsmilch (auch abends möglich)	Getreide-Obst-Brei mit Stückchen und auch frischem Obst
nach dem 1. Lebensjahr	Brot mit Butter und dünnem Belag, Kuhmilch zum Trinken	Obst

Mittagessen	Zwischenmahlzeit	Abendessen
1. Gemüsebrei mit Erweiterung um Stärkebeilage, Fleisch und Getreideflocken	Muttermilch/Säuglingsmilch	Muttermilch/Säuglingsmilch
Gemüsebrei mit Erweiterung um Stärkebeilage, Fleisch und Getreideflocken, nach dem 6. Monat um Fisch und Ei	Milch-Getreide-Brei (auch morgens oder abends möglich)	Muttermilch/Säuglingsmilch
stückiger Gemüsebrei mit Erweiterung um Stärkebeilage, Fleisch und Getreideflocken, nach dem 6. Monat um Fisch und Ei	Getreide-Obst-Brei	Milch-Getreide-Brei (auch morgens möglich)
Mittagsmahlzeiten an die Großen annähern	Brotscheibe mit Butter, Obst in Scheibchen, auch morgens oder abends möglich	Milch-Getreide-Brei (auch morgens möglich)
Mittagsmahlzeit wie die Großen	Obst	Brot mit Butter und dünnem Belag, Kuhmilch zum Trinken

Möhrenbrei

glutenfrei
laktosefrei
reizarm

1 Portion | 10 Min.
125 g (1–2) Möhren
5 EL Wasser
1–2 TL Rapsöl

10 Portionen
1,3 kg Möhren
300 ml Wasser
50–100 ml Rapsöl
(5–10 EL)

Mit diesem Brei lernen die meisten Babys
das Schlucken.

⟫ Die Möhren putzen, mit einem Gemüsehobel dünn
schälen und in Scheiben schneiden. Mit dem Wasser
auf höchster Stufe zum Kochen bringen und je nach
Herd auf Stufe 0,5 bis 1,5 runterdrehen und in etwa
15 Min. weich kochen.

⟫ Bei einer kleinen Möhrenmenge alles in ein hohes
Gefäß geben, sonst die weich gekochten Möhren im
Topf lassen. Das Rapsöl hinzufügen und mit dem Pü-
rierstab zu einem Brei pürieren.

Tipp Mindestens 1 Woche lang: Diesen Brei oder alter-
nativ einen anderen Gemüsebrei füttern Sie 1 Woche
lang, bevor Sie ein neues Lebensmittel einführen. Ganz
selten reagieren Babys auf reinen Möhrenbrei mit Ver-
stopfung. Schon das Untermischen von Kartoffeln löst
das Problem. Sie können auch auf ein anderes Gemüse
wie Pastinake, Zucchini oder Kürbis ausweichen. Übrigens: Rapsöl enthält die beiden Fettsäuren Linolsäure
und Linolensäure in einem optimalen Verhältnis und
ist die 1. Wahl bei der Zubereitung von Breien.

Gemüse-Kartoffel-Brei

Kartoffeln sind Sattmacher und werden nach
etwa 2 Wochen ergänzt.

☑ glutenfrei
☑ laktosefrei
☑ reizarm

◆◆ Die Möhren und Kartoffeln waschen, putzen, mit
einem Gemüsehobel dünn schälen. Die Möhren in
Scheiben und die Kartoffeln in Würfel schneiden.
Beides mit dem Wasser auf höchster Stufe zum Kochen
bringen und je nach Herd auf Stufe 0,5 bis 1,5 runterdrehen und in etwa 15 Min. weich kochen.

◆◆ Bei einer kleinen Menge das Ganze in ein hohes
Gefäß geben, sonst das Ganze im Topf lassen. Das Rapsöl hinzufügen und mit dem Pürierstab zu einem Brei
pürieren.

1 Portion | 10 Min.

100 g Möhren
(1 mittelgroße)
60 g Kartoffeln
(1 mittelgroße)
5 EL Wasser
1 EL Rapsöl

10 Portionen

1 kg Möhren
600 g Kartoffeln
500 ml Wasser
100 ml Rapsöl

Möhren-Kartoffel-Brei und Flocken

☑ glutenfrei
☑ laktosefrei
☑ reizarm

Der 1. Schritt zum Getreidebrei

1 Portion | 10 Min.

100 g Möhren
(1 mittelgroße)
60 g Kartoffeln
(1 mittelgroße)
6 EL Wasser
1–2 EL Hafer-
Schmelzflocken
1 EL Rapsöl

10 Portionen

1 kg Möhren
600 g Kartoffeln
750 ml Wasser
100 g Hafer-Schmelz-
flocken
100 ml Rapsöl

⏩ Die Möhren und Kartoffeln waschen, putzen, mit einem Gemüsehobel dünn schälen. Die Möhren in Scheiben und die Kartoffeln in Würfel schneiden. Beides mit dem Wasser auf höchster Stufe zum Kochen bringen und je nach Herd auf Stufe 0,5 bis 1,5 runterdrehen und in etwa 15 Min. weich kochen.

⏩ Bei einer kleinen Menge das Ganze in ein hohes Gefäß geben, sonst das Ganze im Topf lassen. Die Schmelzflocken und das Rapsöl hinzufügen und mit dem Pürierstab zu einem Brei pürieren. Eventuell noch etwas Wasser angießen, da der Brei durch die Flocken nachdicken kann.

Zucchini-Kartoffel-Brei

Besonders beliebt im Sommer, wenn heimische
Zucchini reif sind.

☑ glutenfrei
☑ laktosefrei
☑ reizarm

◆ Die Zucchini waschen und in Scheiben schneiden.
Die Kartoffeln waschen, schälen und in Würfel schneiden. Zucchinischeiben und Kartoffelwürfel mit dem
Wasser auf höchster Stufe zum Kochen bringen und
je nach Herd auf Stufe 0,5 bis 1,5 runterdrehen und in
etwa 15 Min. weich kochen.

◆ Bei einer kleinen Menge das Ganze in ein hohes
Gefäß geben, sonst das Ganze im Topf lassen. Das Rapsöl hinzufügen und mit dem Pürierstab zu einem Brei
pürieren.

1 Portion | 10 Min.

100 g Zucchini (1 kleine)
60 g Kartoffel
(1 mittelgroße)
5 EL Wasser
1 EL Rapsöl

10 Portionen

1 kg Zucchini
600 g Kartoffeln
400 ml Wasser
100 ml Rapsöl

STUFE

1

Kürbisbrei

Das leuchtend orangefarbene Kürbisfleisch ist im Herbst eine ausgezeichnete Alternative zur Möhre.

☑ glutenfrei
☑ laktosefrei
☑ reizarm

1 Portion | 10 Min.
125 g Kürbisfruchtfleisch
5 EL Wasser
1–2 TL Rapsöl

10 Portionen
1,3 kg Kürbisfruchtfleisch
300 ml Wasser
50–100 ml Rapsöl
(5–10 EL)

❯❯ Den Kürbis schälen und von den Kernen befreien. Das Kürbisfruchtfleisch in Würfel schneiden. Zusammen mit dem Wasser auf höchster Stufe zum Kochen bringen und je nach Herd auf Stufe 0,5 bis 1,5 runterdrehen und in etwa 6 Min. weich kochen.

❯❯ Bei einer kleinen Kürbismenge alles in ein hohes Gefäß geben, sonst den weich gekochten Kürbis im Topf lassen. Das Rapsöl hinzufügen und mit dem Pürierstab zu einem Brei pürieren.

Tipp Sie müssen die doppelte Menge Kürbis einkaufen, denn etwa 50 Prozent sind Abfall. Kürbis ist besonders gut verträglich, enthält ebenso viel β-Carotin wie Möhren und ist auch reich an Vitamin C und Kalium.

Kürbis vorbereiten

Bis auf den Hokkaido-Kürbis müssen alle Kürbissorten geschält werden. Viele Eltern schälen aber auch Hokkaido.

◆ Kürbis mit Ausnahme von Hokkaido schälen. ▶

2 ◆ Die Kerne und Fasern mithilfe eines Löffels entfernen. ▶

3 ◆ Das Kürbisfruchtfleisch erst in Streifen, dann in Würfel schneiden.

Möhren-Reis-Brei

☑ glutenfrei
☑ laktosefrei
☑ reizarm

Reis ist allergiearm, reich an B-Vitaminen, lässt sich problemlos lagern und schnell zubereiten.

1 Portion | 10 Min.

100 g Möhren
(1 mittelgroße)
25 g Langkornreis (2 EL)
5–8 EL Wasser
1 EL Rapsöl

▸▸ Die Möhren putzen, mit einem Gemüsehobel dünn schälen und in Scheiben schneiden. Den Reis mit der doppelten Menge Wasser auf höchster Stufe zum Kochen bringen, dann auf die kleinste Stufe zurückstellen und 20 Min. quellen lassen, bis er das ganze Wasser aufgenommen hat.

10 Portionen

1 kg Möhren
250 g Langkornreis
700–800 ml Wasser
100 ml Rapsöl

▸▸ Die Möhrenscheiben mit dem Wasser auf höchster Stufe zum Kochen bringen und je nach Herd auf Stufe 0,5 bis 1,5 runterdrehen und in etwa 15 Min. weich kochen. Bei einer kleine Menge das Ganze in ein hohes Gefäß geben, sonst das Ganze im Topf lassen. Reis und Rapsöl hinzufügen und mit dem Pürierstab zu einem Brei pürieren.

Tipp Das richtige Gemüse? Sie können anstelle von Möhren auch mit Pastinaken, Kürbis, Zucchini, Fenchel, Steckrüben, Kohlrabi, Blumenkohl oder Brokkoli anfangen. Wichtig ist, dass Sie nicht so viel zwischen den Gemüsesorten hin- und herwechseln. Denn falls Ihr Baby mal ein Gemüse nicht verträgt, wissen Sie nicht, welches Gemüse der Verursacher ist. Persönlich empfehle ich, mit Möhren zu beginnen. Sie wissen als Eltern am besten, was für Ihr Baby das beste Anfangsgemüse ist, und es kommt auch immer darauf an, welches Gemüse gerade Saison hat.

Pastinakenbrei

✓ glutenfrei
✓ laktosefrei
✓ reizarm

1 Portion | 10 Min.
150 g Pastinake (1)
5 EL Wasser
1–2 TL Rapsöl

10 Portionen
1,5 kg Pastinaken
300 ml Wasser
50–100 ml Rapsöl
(5–10 EL)

Pastinaken sind im Trend und eine mögliche Alternative zum Möhrenbrei.

◆◆ Die Pastinake(n) putzen, mit einem Gemüsehobel dünn schälen und in Scheiben oder Würfel schneiden. Pastinaken mit dem Wasser auf höchster Stufe zum Kochen bringen und je nach Herd auf Stufe 0,5 bis 1,5 runterdrehen und in etwa 12 Min. weich kochen.

◆◆ Bei einer kleinen Pastinakenmenge alles in ein hohes Gefäß geben, sonst die weich gekochten Pastinaken im Topf lassen. Das Rapsöl hinzufügen und mit dem Pürierstab zu einem Brei pürieren.

Tipp Wenn Sie auf Vorrat kochen, können Sie den Brei auch ohne Öl herstellen. Das Öl rühren Sie dann erst unter den erwärmten Brei. Wenn Sie über einen längeren Zeitraum bei einem reinen Gemüsebrei bleiben, dann reicht in den ersten 2 Wochen der Beikost 1 TL Rapsöl, danach sollte die Ölmenge auf 1 EL erweitert werden. Übrigens: Ein ölfrei eingefrorener Brei sieht nach dem Auftauen besser aus.

Möhren-Kartoffel-Rindfleisch-Brei

Jetzt gibt es zum ersten Mal Fleisch und der Eisenspeicher Ihres Babys wird aufgefüllt.

▸▸ Die Möhren und Kartoffeln waschen, putzen, mit einem Gemüsehobel dünn schälen. Die Möhren in Scheiben und die Kartoffeln in Würfel schneiden. Beides mit dem Wasser auf höchster Stufe zum Kochen bringen und je nach Herd auf Stufe 0,5 bis 1,5 runterdrehen und in 15 Min. weich kochen.

▸▸ Bei 1 Portion: Das Öl zusammen mit 2 EL Wasser in eine kleine Pfanne geben, das Rindfleisch mit einem großen Küchenmesser sehr fein hacken und hinzugeben. Unter Rühren 1 bis 2 Min. durchgaren, aber nicht zu stark bräunen.

▸▸ Bei 10 Portionen: Das Fleisch würfeln, in das kochende Wasser geben und darin etwa 20 Min. garen. Bei einer kleinen Menge das Ganze in ein hohes Gefäß geben. Das Fleisch mit dem ganzen Pfanneninhalt hinzufügen und zu einem Brei pürieren.

▸▸ Bei der großen Menge das Ganze im Topf lassen. Das Rindfleisch mit einer Schaumkelle aus dem Topf nehmen und zu den Kartoffeln und Möhren geben. Das Öl hinzufügen und zu einem Brei pürieren.

☑ glutenfrei
☑ laktosefrei
☑ reizarm

1 Portion | 10 Min.

100 g Möhren
(1 mittelgroße)
60 g Kartoffeln
(1 mittelgroße)
25 g Rindfleisch
(Tafelspitz)
6 EL Wasser
1 EL Rapsöl

10 Portionen

1 kg Möhren
600 g Kartoffeln
250 g Rindfleisch
(Tafelspitz)
500 ml Wasser
100 ml Rapsöl

Fenchel-Kartoffel-Brei

☑ glutenfrei
☑ laktosefrei
☑ reizarm

1 Portion | 10 Min.

100 g Fenchel (½ Knolle)
60 g Kartoffeln
6 EL Wasser
1 EL Rapsöl

10 Portionen

1 kg Fenchel
600 g Kartoffeln
400 ml Wasser
100 ml Rapsöl

Fenchelgemüse sollten Sie unbedingt ausprobieren, wenn Ihr Baby stark unter Blähungen leidet.

❖ Den Fenchel waschen, putzen, die Stielansätze abschneiden und den Fenchel in Stücke schneiden. Die Kartoffeln waschen, schälen und in Würfel schneiden. Fenchel und Kartoffeln mit dem Wasser auf höchster Stufe zum Kochen bringen, die Hitze reduzieren und in etwa 15 Min. weich kochen. Bei einer kleinen Menge das Ganze in ein hohes Gefäß geben, sonst im Topf lassen. Öl hinzufügen und pürieren.

Fenchel vorbereiten

Ob man die äußeren Schichten der Fenchelknolle entfernt, hängt von der Frische der Knolle ab.

◆ Äußere faserige Blätter entfernen.

2 ◆ Fenchel-
grün samt
Stängel
abschneiden.

3 ◆ Halbieren
und unteren
Keil heraus-
schneiden.

Brokkoli-Kartoffel-Brei mit Hähnchenbrust

☑ glutenfrei
☑ laktosefrei
☑ reizarm

1 Portion | 10 Min.

120 g Brokkoli
60 g Kartoffeln
(1 mittelgroße)
25 g Hähnchenbrust
100 ml Wasser
1 EL Rapsöl

10 Portionen

1 kg Brokkoli
600 g Kartoffeln
250 g Hähnchenbrust
800 ml Wasser
100 ml Rapsöl

Brokkoli ist reich an Vitamin C und Folsäure und beliebt bei Babys.

❯❯ Den Brokkoli waschen, putzen und die Röschen teilen. Den Strunk schälen und würfeln. Kartoffeln waschen, schälen und würfeln. Brokkoli und Kartoffel-würfel mit dem Wasser auf höchster Stufe zum Kochen bringen und je nach Herd auf Stufe 0,5 bis 1,5 runter-drehen und in etwa 15 Min. weich kochen.

❯❯ Das Hähnchenfleisch waschen, trocken tupfen und in feine Scheiben quer zur Faser schneiden. Das Fleisch zum Gemüse geben und etwa 20 Min. garen.

❯❯ Bei einer kleinen Menge das Ganze in ein hohes Gefäß geben und mit dem Pürierstab zu einem Brei pürieren. Rapsöl unterrühren.

❯❯ Bei der großen Menge das Fleisch und Gemüse ge-trennt kochen. Das Hähnchenfleisch mit einer Schaum-kelle aus dem Topf nehmen und zu den Kartoffeln und Brokkoli geben. Öl hinzufügen und pürieren.

Tipp Sie können auch Putenbrust, Rind-, Schwei-ne- oder Lammfleisch verwenden. Das Fleisch sollte grundsätzlich aus biologischer Haltung stammen und mager sein. Bei Geflügelfleisch sollten Sie besonders gut darauf achten, dass das Fleisch durchgegart ist.

Möhren-Kartoffel-Haferbrei

Hafer als wichtige pflanzliche Eisenquelle wertet den vegetarischen Brei auf.

❯❯ Die Möhren waschen, putzen und in Scheiben schneiden. Kartoffeln waschen, schälen und würfeln. Möhrenscheiben und Kartoffelwürfel mit dem Wasser auf höchster Stufe zum Kochen bringen und je nach Herd auf Stufe 0,5 bis 1,5 runterdrehen und in etwa 15 Min. weich kochen.

❯❯ Die Haferflocken die letzten 5 Minuten zu den Möhren und Kartoffeln geben und aufkochen.

❯❯ Bei einer kleinen Menge das Ganze in ein hohes Gefäß geben und mit dem Pürierstab zu einem Brei pürieren. Rapsöl unterrühren.

❯❯ Beim Kochen von einer Portion den Orangensaft direkt unterrühren. Bei einer großen Menge jeweils in die Portion vor dem Essen einrühren.

STUFE 1

☐ glutenfrei
☑ laktosefrei
☑ reizarm

1 Portion | 10 Min.

100 g Möhre
50 g Kartoffeln
(1 mittelgroße)
20 g Haferflocken
100 ml Wasser
1 EL Rapsöl
20 ml Orangensaft

10 Portionen

1 kg Möhren
500 g Kartoffeln
200 g Haferflocken
800 ml Wasser
100 ml Rapsöl

☐ glutenfrei
☑ laktosefrei
☐ reizarm

1 Portion | 10 Min.

100 g Möhren
(1 mittelgroße)
1 kleine Tomate
25 g Langkornreis
25 g mageres Lammfleisch
2 EL Wasser
1 EL Rapsöl

10 Portionen

1 kg Möhren
400 g Tomaten
250 g Langkornreis
250 g mageres Lamm-
fleisch
200 ml Wasser
100 ml Rapsöl

Möhren-Tomaten-Reis-Brei mit Lammfleisch

Führen Sie diesen Brei nicht zu Beginn ein, die Säure der Tomaten kann nicht jedes Kind vertragen.

» Die Möhren putzen, mit einem Gemüsehobel dünn schälen. Die Möhren in Scheiben schneiden. Die Tomaten kreuzweise einritzen, mit heißem Wasser überbrühen und häuten. Halbieren, Stielansätze entfernen und grob hacken.

» Den Reis mit der doppelten Menge Wasser auf höchster Stufe zum Kochen bringen, dann auf die kleinste Stufe zurückstellen und 20 Min. quellen lassen. Das Lammfleisch waschen und in feine Scheiben schneiden.

» Möhrenscheiben, Tomatenstücke und Fleisch mit dem Wasser in einen passenden Topf geben. Etwa 20 Min. garen.

Tomaten häuten

Gehäutete Tomaten, die auch frei von Kernen sind, werden von Babys im Allgemeinen besser vertragen.

1

◆ Tomaten kreuzweise am Stielansatz einritzen.
▶

2 ◆ Tomaten heiß überbrühen und kalt abschrecken.

▶

3 ◆ Tomaten mit einem kleinen Küchenmesser häuten.

Blumenkohl-Nudel-Hirsebrei

☐ glutenfrei
☑ laktosefrei
☐ reizarm

1 Portion | 10 Min.

120 g Blumenkohl
25 g Vollkornnudeln
20 g Hirseflocken
60 ml Wasser
1 EL Rapsöl
20 ml Sanddornsaft oder
-mark

10 Portionen

1,2 kg Blumenkohl
250 g Vollkornnudeln
200 g Hirseflocken
800 ml Wasser
100 ml Rapsöl

Hirse ist reich an Eisen und zusammen mit Sand-dornmark wertet es den vegetarischen Brei auf.

❯❯ Den Blumenkohl waschen, putzen und in Röschen schneiden. Die Nudeln nach Packungsanleitung ohne Zugabe von Salz garen, abgießen. Die Blumenkohl-röschen mit dem Wasser auf höchster Stufe zum Kochen bringen und je nach Herd auf Stufe 0,5 bis 1,5 runterdrehen und in etwa 15 Min. weich kochen.

❯❯ Die Hiseflocken die letzten 5 Minuten zum Blumen-kohl geben und aufkochen.

❯❯ Bei einer kleinen Menge das Ganze in ein hohes Gefäß geben und mit dem Pürierstab zu einem Brei pürieren. Rapsöl unterrühren.

❯❯ Beim Kochen von einer Portion den Sanddornsaft direkt unterrühren. Bei einer großen Menge jeweils in die Portion vor dem Essen einrühren.

Tipp Isst Ihr Baby problemlos schon seit 2 Monaten Breie, können Sie statt Vollkornnudeln auch mal zur Abwechslung Linsennudeln verwenden. Damit erhöhen Sie den Eiweißgehalt des Breies.

Erweiterter Fleisch-Gemüse-Brei

Viel Zink dank Hafer und eine bessere Eisenverwertung durch Vitamin C im Saft!

◆▸ Die Möhren und Kartoffeln waschen, putzen, mit einem Gemüsehobel dünn schälen. Die Möhren in Scheiben und die Kartoffeln in Würfel schneiden. Beides mit dem Wasser auf höchster Stufe zum Kochen bringen und je nach Herd auf Stufe 0,5 bis 1,5 runterdrehen und 15 Min. weich kochen.

◆▸ Bei 1 Portion: Das Öl zusammen mit 2 Esslöffeln Wasser in eine kleine Pfanne geben, das Rindfleisch mit einem großen Küchenmesser sehr fein hacken und hinzugeben. Unter Rühren 1 bis 2 Min. durchgaren, aber nicht zu stark bräunen.

◆▸ Bei 10 Portionen: Das Fleisch würfeln, in das kochende Wasser geben und darin etwa 20 Min. garen. Bei einer kleinen Menge das Ganze in ein hohes Gefäß geben. Das Fleisch mit dem ganzen Pfanneninhalt hinzufügen und zu einem Brei pürieren.

◆▸ Bei der großen Menge das Ganze im Topf lassen. Das Rindfleisch mit einer Schaumkelle aus dem Topf nehmen und zu den Kartoffeln und Möhren geben. Die Haferflocken und das Öl hinzufügen und zu einem Brei pürieren. Den Orangensaft direkt vor dem Füttern unter den Brei rühren.

☐ glutenfrei
☑ laktosefrei
☐ reizarm

1 Portion | 10 Min.

100 g Möhren
(1 mittelgroße)
60 g Kartoffeln
(1 mittelgroße)
25 g Rindfleisch
(Tafelspitz)
8 EL Wasser
1 EL Rapsöl
1–2 EL Haferflocken
2–3 EL Orangensaft

10 Portionen

1 kg Möhren
600 g Kartoffeln
250 g Rindfleisch
(Tafelspitz)
800 ml Wasser
100 ml Rapsöl
100 g Haferflocken
20–30 EL Orangensaft

Hirse-Kohlrabi-Möhren-Brei

- ☑ glutenfrei
- ☑ laktosefrei
- ☑ reizarm

Kohlrabi und Möhren schmecken schön
mild und süß.

1 Portion | 10 Min.

100 g Kohlrabi
80 g Möhre
25 g Hirse
8 EL Wasser
1 EL Rapsöl

10 Portionen

1 kg Kohlrabi
800 g Möhren
250 g Hirse
800 ml Wasser
100 ml Rapsöl

◆▶ Die Kohlrabi und Möhren waschen, schälen und in
Würfel schneiden. Die Hirse mit der doppelten Menge Wasser auf höchster Stufe zum Kochen bringen,
dann auf die kleinste Stufe zurückstellen und 20 Min.
quellen lassen, bis die Hirse das ganze Wasser aufgenommen hat.

◆▶ Die Kohlrabi- und Möhrenwürfel mit etwas Wasser
in einen Topf geben und auf reduzierter Stufe etwa
10 Min. garen. Bei einer kleinen Menge das Ganze in
ein hohes Gefäß geben, sonst das Ganze im Topf lassen.
Hirse und Rapsöl hinzufügen und mit dem Pürierstab
zu einem Brei pürieren.

Tipp Kleine Warenkunde: Hirse sind kleine runde,
gelbliche Getreidekörner der Hirsepflanze. Hirse ist
glutenfrei und spielt als eisenreiches Lebensmittel in
der vegetarischen Ernährung eine besondere Rolle.
Die Hirse sollte geschält sein, denn ungeschält enthält
sie Gerbstoffe, die die Aufnahme von lebenswichtigen
Nährstoffen hemmt.

Hirse-Mangold-Kartoffel-Brei

Hirse, Mangold und Kartoffeln –
ein optimales Mittagsbreichen für die Kleinen!

☑ glutenfrei
☑ laktosefrei
☑ reizarm

1 Portion | 10 Min.

100 g Kartoffeln (1 mittelgroße)
120 g Blattmangold
25 g Hirse
5 EL Wasser
1 EL Rapsöl

▸▸ Die Kartoffeln waschen, schälen und in Würfel
schneiden. Den Mangold waschen, verlesen, die groben
Blattrippen entfernen und die Blätter grob hacken. Die
Hirse mit der doppelten bis dreifachen Menge Wasser
auf höchster Stufe zum Kochen bringen, dann auf die
kleinste Stufe zurückstellen und 20 Min. quellen lassen,
bis die Hirse das ganze Wasser aufgenommen hat.

10 Portionen

1 kg Kartoffeln
1,2 kg Blattmangold
250 g Hirse
500 ml Wasser
100 ml Rapsöl

▸▸ Die Kartoffelwürfel mit dem Wasser in einen Topf
geben und auf reduzierter Stufe etwa 15 Min. garen.
Die letzten 5 Min. den Mangold hinzugeben. Falls
Wasser fehlt, etwas nachgießen. Bei einer kleinen
Menge das Ganze in ein hohes Gefäß geben, sonst im
Topf lassen. Hirse und Rapsöl hinzufügen und mit dem
Pürierstab zu einem Brei pürieren.

Tipp Kleine Warenkunde: Mangold ist eine gute
Alternative zu Spinat. Übrigens gibt es roten, gelben
und weißen Mangold. Alle sind reich an Folsäure und
Eisen und daher wichtige Gemüsesorten bei einer
fleischarmen oder gar vegetarischen Babyernährung.
Mangold gehört wie Spinat und Rote Bete zu den von
Natur aus nitratreichen Gemüsesorten. Bevorzugen Sie
Freilandgemüse aus biologischem Anbau.

Milch-Getreide-Brei auf Instantbasis

Dieser Brei ersetzt die 2. Milchmahlzeit.

◻ glutenfrei
◻ laktosefrei
☑ reizarm

1 Portion | 10 Min.

20 g Instantflocken (oder nach Messbecherangabe der Hersteller)
200 ml Vollmilch
(3,5 % Fett)

❯ Die Milch erwärmen. Die Instantflocken in ein Schälchen geben und die Milch unter die Flocken rühren. Etwas abkühlen lassen und dem Baby lauwarm füttern.

Milch-Getreide-Brei auf Flockenbasis

Eignet sich auch gut als Frühstücksbrei.

◻ glutenfrei
◻ laktosefrei
☑ reizarm

1 Portion | 10 Min.

20 g Flocken
200 ml Vollmilch
(3,5 % Fett)

❯ Die Milch erwärmen. Die Flocken einrühren. Das Ganze einmal aufkochen und unter Rühren einen Brei kochen. Vom Herd nehmen und dem Baby lauwarm füttern.

Tipp Gesund aufgepeppt! Vitamin C verbessert die Aufnahme von Eisen aus den Getreideflocken. Daher können Sie unter die Milchbreie auch 1–2 Esslöffel Fruchtsaft oder ein Obstmus rühren.

Säuglingsmilch mit Getreidezusatz

Prima für Löffelverweigerer oder schlechte Esser!

☐ glutenfrei
☐ laktosefrei
☑ reizarm

1 Portion | 10 Min.
300 ml Säuglingsmilch-
nahrung (mit Wasser
angerührt)
15 g Instantflocken

◆ Säuglingsmilch in der Flasche zubereiten und die Instantflocken einrühren. Auf die Flasche einen Brei-sauger geben.

Tipp Die Flaschenmilch soll nicht mit Kuhmilch zu-bereitet werden. Verwenden Sie weiterhin die Säug-lingsmilchnahrung, die Sie bisher gefüttert haben. Um Getreide angereicherte Fläschchennahrung ist nur sinnvoll, wenn das Baby aufgrund von Krankheit die Breinahrung verweigert. Und für angedickte Milch aus der Flasche brauchen Sie einen Breisauger.

Frischkornbrei mit Milch

Für Babys, die möglichst bald in den Tag mit einem Müsli starten wollen.

☐ glutenfrei
☐ laktosefrei
☐ reizarm

1 Portion | 10 Min.
20 g Getreide, z. B.
Hafer oder auch
4-Korn-Mischung
200 ml Vollmilch
(3,5 % Fett)

◆ Das Getreide in einer Getreidemühle sehr fein mah-len. Die Milch erwärmen. Das gemahlene Getreide in die Milch einrühren und einmal aufkochen, vom Herd nehmen und etwa 10 Min. quellen lassen.

STUFE 2

Apfelmus

☑ glutenfrei
☑ laktosefrei
☑ reizarm

1 Portion | 10 Min.
1 Apfel
5 EL Wasser
10 Portionen
8–10 Äpfel
250 ml Wasser

Auch beliebt mit Birne, Pfirsich oder Aprikose

❯❯ Den Apfel waschen, eventuell schälen, vierteln, entkernen und in Würfel schneiden.

❯❯ Das Wasser zum Kochen bringen und die Apfelstückchen darin etwa 10 Min. dünsten. Das Ganze in ein hohes Gefäß füllen und pürieren. Lauwarm unter den Getreidebrei rühren.

Tipp Bereiten Sie gleich mehr davon zu, nehmen Sie für Ihr Baby Obstmus für 2 Tage ab und den Rest süßen und würzen Sie mit Zucker und Zimt. Wenn Ihr Baby z. B. Pfirsich oder Aprikose im gekochten Zustand als Mus gut vertragen hat, können Sie im nächsten Schritt das zuvor gekochte Obst auch ungekocht zu Mus pürieren. So steigern Sie langsam den Allergenanteil.

Apfelmus zubereiten

Zuerst den Apfel waschen und dann schälen. Es geht auch mit Schale, ist aber unter Umständen weniger gut bekömmlich.

◆ Apfel vierteln und Kerngehäuse entfernen. Eventuell Apfel vorher schälen. ▶

Grundrezept Getreide-Obst-Brei

Dieses Rezept gilt als Basis für alle Obst-Getreide-Breie.

◆▸ Bei Instantflocken das heiße Wasser über die Flocken gießen und das Obstmus und Rapsöl unterrühren. Bei Getreideflocken die Flocken in dem Wasser zum Quellen bringen und das Ganze aufkochen. Das Obstmus und das Rapsöl unterrühren.

Tipp Das richtige Obst: Als Obst eignen sich eher die wenig säurehaltigen Obstarten. Beliebt sind Apfel, Birne und Banane. Aber Babys mögen auch gerne Pfirsich und Nektarinen. Erdbeeren, Kiwis und Zitrusfrüchte vertragen viele Babys nicht, sie bekommen von der Säure einen wunden Popo. Auch unter den Getreide-Obst-Brei darf 1 Teelöffel Rapsöl gerührt werden. So ist Ihr Baby optimal mit Omega-3-Fettsäuren versorgt.

☐ glutenfrei
☑ laktosefrei
☑ reizarm

1 Portion | 10 Min.
20 g Getreideflocken
150 ml Wasser
100 g selbst gemachtes Obstmus
1 TL Rapsöl

STUFE

2

◆ Apfelstückchen in wenig Wasser dünsten. ▶

◆ Apfel in ein hohes Gefäß geben und pürieren.

Grießbrei mit Blaubeeren

Erschrecken Sie nicht – Blaubeeren machen
den Stuhl fest und auch sehr dunkel!

☐ glutenfrei
☐ laktosefrei
☑ reizarm

◆ Die Milch mit dem Grieß unter Rühren aufkochen.
Etwas abkühlen lassen. Blaubeeren verlesen und waschen. Den Apfelsaft und die tropfnassen Blaubeeren
einmal aufkochen, pürieren und unter den Grießbrei
heben.

1 Portion | 10 Min.

200 ml Vollmilch
(3,5 % Fett)
20 g Weizengrieß
80 g Blaubeeren
2 EL Apfelsaft

Säuglingsmilch mit Getreide-Obst-Zusatz

Wenn das Baby mal länger krank ist und keine Lust
auf Löffelkost hat, ist dieses Getränk ideal.

☐ glutenfrei
☐ laktosefrei
☑ reizarm

◆ Säuglingsmilch in der Flasche zubereiten und die
Instantflocken und den Apfelsaft einrühren. Auf die
Flasche einen Breisauger geben.

1 Portion | 10 Min.

300 ml Säuglingsmilch-
nahrung (mit Wasser
angerührt)
20 g Haferflocken (Instant)
5 EL Apfelsaft

STUFE 2

Dinkelbrei mit Apfel

☐ glutenfrei
☑ laktosefrei
☑ reizarm

1 Portion | 10 Min.

150 ml Wasser
20 g Dinkelflocken
1 Apfel
1 TL Rapsöl

Geriebenen Apfel bekamen die Babys schon zu Großmutters Zeiten.

◆▶ Das Wasser zum Kochen bringen. Die Flocken damit übergießen und quellen lassen. Den Apfel waschen, trockenreiben und auf einer Reibe aus Glas oder Plastik fein reiben. Den geriebenen Apfel und das Rapsöl unter die Flocken rühren.

Grießbrei mit Pfirsichmus

☐ glutenfrei
☑ laktosefrei
☐ reizarm

1 Portion | 10 Min.

150 ml Wasser
20 g Weizengrieß
1 Pfirsich
1 TL Rapsöl

Immer wieder gern gegessen und diesmal mit feinem Pfirsichmus!

◆▶ Das Wasser zum Kochen bringen. Den Grieß mit einem Schneebesen einrühren. Das Ganze einmal aufkochen und auf der abgeschalteten Herdplatte quellen lassen. Den Pfirsich häuten, dafür ein Kreuz in die Pfirsichhaut ritzen, mit heißem Wasser übergießen, die Haut abziehen. Das Fruchtfleisch vom Stein lösen und das Fruchtfleisch zusammen mit dem Öl und dem Grieß pürieren. Eventuell lässt sich der Pfirsich auch gut mit einer Gabel zerdrücken.

Zwiebackbrei mit Banane-Möhre

Ein Klassiker unter den Babybreien –
hier ein bisschen aufgepeppt.

◑ Den Zwieback in einen tiefen Teller geben. Wasser zum Kochen bringen, darübergießen und den Zwieback quellen lassen. Die Banane mit einer Gabel fein zerdrücken, zusammen mit dem Möhrensaft und dem Rapsöl unter den weichen Zwieback rühren. Den Brei pürieren, wenn das Kind ein schlechter Schlucker ist.

▢ glutenfrei
☑ laktosefrei
☑ reizarm

1 Portion | 10 Min.
2 Scheiben Dinkelzwieback
200 ml Wasser
½ Banane
1 EL Möhrensaft
1 TL Rapsöl

Zwiebackbrei mit Birne-Möhre

Und dieser Zwiebackbrei schmeckt ebenfalls wunderbar.

◑ Den Zwieback in einen tiefen Teller geben. Wasser zum Kochen bringen, darübergießen und den Zwieback quellen lassen. Die Birne waschen, das Kerngehäuse entfernen, evtl. schälen und reiben. Dann zusammen mit dem Möhrensaft und dem Rapsöl unter den weichen Zwieback rühren.

▢ glutenfrei
☑ laktosefrei
☑ reizarm

1 Portion | 10 Min.
2 Scheiben Dinkelzwieback
150 ml Wasser
½ Birne
1 EL Möhrensaft
1 TL Rapsöl

STUFE

2

Haferbrei mit Orange-Banane

So entdeckt Ihr Kleines gleich mehrere Geschmacksrichtungen.

☐ glutenfrei
☑ laktosefrei
☐ reizarm

1 Portion | 10 Min.

150 ml Wasser
20 g Haferflocken
½ Banane
1 EL Orangensaft
1 TL Rapsöl

❯❯ Das Wasser aufkochen und die Flocken einstreuen, das Ganze einmal aufkochen und quellen lassen. Die Banane mit einer Gabel fein zerdrücken und zusammen mit dem Orangensaft und dem Öl unter den Haferschleim rühren. Eventuell pürieren.

Birnenreis

Mmmhhh, Reis und Birne – schmeckt den meisten Babys.

☑ glutenfrei
☑ laktosefrei
☑ reizarm

1 Portion | 10 Min.

150 ml Wasser
20 g Reisflocken
1 kleine Birne
2 EL Wasser
1 TL Rapsöl

❯❯ Das Wasser erhitzen, die Reisflocken einrühren und unter Rühren aufkochen. Vom Herd nehmen und den Brei ausquellen lassen. Die Birne waschen, schälen, vierteln, das Kerngehäuse entfernen und die Birne in Stückchen schneiden. In wenig Wasser in 2–3 Min. weich dünsten. Das Öl hinzufügen, alles pürieren und unter den Reisbrei heben.

❯❯ Birnenreis

Kartoffel-Steckrüben-Brei mit Rinderhack

☑ glutenfrei
☑ laktosefrei
☑ reizarm

Ein milder Brei, mit dem sich gut das Kauen und Schlucken trainieren lässt.

1 Portion | 10 Min.

2 Kartoffeln
100 g Steckrüben
150 ml Wasser
20 g mageres Rinderhack
1 EL Rapsöl

⯈ Die Kartoffeln waschen, schälen und in mundgerechte Stücke schneiden. Steckrüben waschen, schälen, holzige Stellen entfernen und ebenfalls in mundgerechte Stücke schneiden.

⯈ Kartoffeln und Steckrüben in dem Wasser zum Kochen bringen und etwa 18 Min. garen. Das Rinderhack mit wenig Öl in einer beschichteten Pfanne krümelig gut durchbraten.

5 Portionen

600 g Kartoffeln
500 g Steckrüben
800 ml Wasser
150 g mageres Rinderhack
5 EL Rapsöl

⯈ Das Gemüse mit einem Kartoffelstampfer zerdrücken oder pürieren. Das Hackfleisch zusammen mit dem restlichen Öl unter die Kartoffel-Steckrüben-Masse heben. Portionieren und einfrieren.

Steckrüben zubereiten

Frische Steckrüben erkennt man an der glatten Schale. Ist sie runzelig, dann ist die Rübe schon länger gelagert, aber noch verwendbar.

1

◆ Steckrübe mit einem scharfen Messer schälen. ▶

Blumenkohl-Möhren-Brei mit Rinderhack

Ein Brei, der zu jeder Jahreszeit schmeckt.

☑ glutenfrei
☑ laktosefrei
☑ reizarm

1 Portion | 10 Min.

2 Kartoffeln
100 g Blumenkohl
1 kleine Möhre
5 EL Wasser
30 g mageres Rinderhack
1 EL Rapsöl

8 Portionen

1 kg Kartoffeln
1 kg Blumenkohl
500 g Möhren
1 l Wasser
250 g mageres Rinderhack
8 EL Rapsöl

▸▸ Kartoffeln waschen, schälen und in mundgerechte Stücke schneiden. Blumenkohl waschen, putzen und in einzelne Röschen zerteilen. Die Möhre waschen, schälen und in mundgerechte Stücke schneiden.

▸▸ Kartoffeln, Blumenkohl und Möhren im Wasser etwa 15 Min. garen. Das Rinderhack mit wenig Öl in einer beschichteten Pfanne krümelig gut durchbraten.

▸▸ Das Gemüse mit einem Kartoffelstampfer zerdrücken oder pürieren. Das gebratene Hackfleisch zusammen mit dem restlichen Öl unter die Kartoffel-Gemüse-Masse heben. Portionieren und einfrieren.

STUFE 3

2

◆ Holzige Stellen mit einem kleinen spitzen Messer herausschneiden. ▸

3

◆ Rüben erst in Scheiben, dann in Streifen und zum Schluss in Würfel schneiden.

Grundrezept Gemüsebrei mit Fisch

Das ist kinderleicht! Jetzt gibt es zum 1. Mal Fisch.

◆◆ Die Möhren und Kartoffeln waschen, putzen, mit einem Gemüsehobel dünn schälen. Die Möhren in Scheiben und die Kartoffeln in Würfel schneiden. Beides mit dem Wasser auf höchster Stufe zum Kochen bringen und je nach Herd auf Stufe 0,5 bis 1,5 runterdrehen und in 20 Min. weich kochen.

◆◆ Bei 1 Portion: Das Fischfilet sehr genau auf Gräten überprüfen und diese entfernen, dann die letzten 3 Min. auf die Kartoffeln und Möhren legen und mitgaren lassen. Das Ganze in ein hohes Gefäß geben, das Öl hinzufügen und alles zu einem Brei pürieren.

◆◆ Bei 10 Portionen: Das Fischfilet in Streifen schneiden und die letzten 3 Min. auf die Kartoffeln und Möhren legen und mitgaren lassen. Das Öl hinzufügen und zu einem Brei pürieren.

Tipp Haben Sie keine Berührungsängste beim Kochen von fischhaltigem Brei. Die Zubereitung ist relativ einfach: Der Fisch wird klein geschnitten, gart sehr schnell und lässt sich problemlos pürieren.

☑ glutenfrei
☑ laktosefrei
☐ reizarm

1 Portion | 10 Min.

120 g Möhren
(1 mittelgroße)
100 g Kartoffeln
(1 mittelgroße)
25 g Lachsfilet
6–8 EL Wasser
1 EL Rapsöl

10 Portionen

1,2 kg Möhren
1 kg Kartoffeln
250 g Lachsfilet
750 ml Wasser
100 ml Rapsöl

STUFE

3

Mangold-Reis mit Lammfleisch

- ☑ glutenfrei
- ☑ laktosefrei
- ☑ reizarm

Nichts für Kau- und Schluckfaule!

2 Portionen | 10 Min.

8 EL Risottoreis
1 TL Rapsöl
250 ml Wasser
200 g Blattmangold
60 g Lammlachse
2 EL Rapsöl

◆▶ Den Risottoreis im Rapsöl andünsten, mit dem Wasser ablöschen und auf niedrigster Stufe 15–20 Min. quellen lassen. In der Zwischenzeit den Mangold waschen, putzen und in feine Streifen schneiden. Etwa 5 Min. vor Ende der Garzeit zum Risotto geben.

◆▶ Das Lammfleisch abspülen, trocken tupfen und in sehr feine Streifen schneiden. Etwas Rapsöl mit etwas Wasser in einer beschichteten Pfanne erhitzen und das Lammfleisch darin gut durchgaren. Anschließend mit einem Küchenmesser sehr fein schneiden bzw. hacken. Zusammen mit dem restlichen Öl unter das Risotto rühren. Portionieren und 1 Portion dem Baby lauwarm füttern.

Mangold vorbereiten

Mangold wächst büschelweise. Vor der weiteren Verarbeitung den Strunk abschneiden und die einzelnen Blätter trennen.

◆ Mangold gründlich waschen, aber nicht in Wasser liegen lassen. ▶

2 ◆ Blattrippe
mit einem
scharfen Mes-
ser heraus-
schneiden.

3 ◆ Man-
goldblätter
in Streifen
schneiden.

Risottoreis mit Brokkoli-Möhren-Gemüse

- ☑ glutenfrei
- ☑ laktosefrei
- ☑ reizarm

1 Portion | 10 Min.

4 EL Risottoreis
½ TL Rapsöl
150 ml Wasser
100 g Brokkoli
100 g Möhren
5 EL Wasser
1 TL fein gehackte Petersilie
1 TL Rapsöl

10 Portionen

250 g Risottoreis
5 EL Rapsöl
500 ml Wasser
1 kg Brokkoli
1 kg Möhren
300 ml Wasser
3 EL fein gehackte
Petersilie
5 TL Rapsöl

Mit Risottoreis lernt Ihr Kind am besten,
Reis zu essen.

◆ Den Reis in ½ TL Rapsöl andünsten, mit 150 ml
Wasser ablöschen und auf niedrigster Stufe 15–20 Min.
quellen lassen. Brokkoli und Möhren waschen und
putzen.

◆ Den Brokkoli in kleine Röschen teilen und die Möhren schälen und würfeln. Beides in einen Topf geben
und mit 5 Esslöffeln Wasser zum Kochen bringen.

◆ Die Hitze reduzieren und in etwa 8 Min. weich
dünsten. Das Gemüse zusammen mit dem Kochwasser,
der fein gehackten Petersilie und 1 TL Öl in ein hohes
Gefäß geben und pürieren. Das Gemüse unter den
gequollenen Reis mischen.

Nudeln mit Möhren-Tomaten-Sauce

Nudeln machen bekanntlich glücklich!

▸▸ Die Nudeln in kochendes Wasser geben, nach Packungsanleitung weich kochen und abgießen. Inzwischen die Möhren waschen, schälen und fein würfeln und in etwas Wasser 15 Min. dünsten.

▸▸ Die Tomate über Kreuz einritzen und mit heißem Wasser überbrühen, die Haut abziehen und den Strunk herauslösen. Tomate halbieren und die Kerne entfernen. Das feste Fruchtfleisch fein würfeln. Basilikum waschen, trocken tupfen und mit einer Schere in sehr feine Streifen schneiden.

▸▸ Möhren-, Tomatenwürfel und Basilikumstreifen mit dem Öl in ein hohes Gefäß geben und pürieren. Die Sauce mit den Nudeln vermischen und lauwarm füttern.

1 Portion | 10 Min.

40 g Suppennudeln
200 g Möhren
1 Fleischtomate
2–4 Blätter Basilikum
1 EL Rapsöl

10 Portionen

400 g Suppennudeln
2 kg Möhren
10 Fleischtomaten
2 Stängel Basilikum
10 EL Rapsöl

STUFE

3

Zucchini-Hähnchen-Topf

☑ glutenfrei
☑ laktosefrei
☐ reizarm

Langsam an säurereiches Gemüse heranführen.

2 Portionen | 10 Min.

200 g Kartoffeln
150 g Zucchini
50 ml Wasser
60 g Hähnchenbrustfilet
1 Fleischtomate
4–6 Blättchen Basilikum
2 EL Rapsöl

8 Portionen

800 g Kartoffeln
800 g Zucchini
600 ml Wasser
250 g Hähnchenbrust
4 Fleischtomaten
2 Stängel Basilikum
8 EL Rapsöl

⬦ Die Kartoffeln waschen, schälen und in mundgerechte Stücke schneiden. Zucchini waschen, putzen und in Scheiben schneiden. Die Hähnchenbrust unter fließendem Wasser abspülen, abtupfen und in feine Streifen schneiden.

⬦ Kartoffeln, Zucchini und Hähnchenbruststreifen im Wasser zum Kochen bringen und etwa 15 Min. garen. Inzwischen die Tomate über Kreuz einritzen und mit heißem Wasser überbrühen, die Haut abziehen und den Strunk herauslösen. Tomate halbieren und die Kerne entfernen. Das Fruchtfleisch fein würfeln. Basilikum waschen, trockenschütteln und mit einer Schere in sehr feine Streifen schneiden.

⬦ Die Kartoffel-Zucchini-Hähnchenbrust-Mischung pürieren. Tomatenwürfel, Basilikumstreifen und Öl unterheben. Portionieren und 1 Portion dem Baby lauwarm füttern.

Zucchinibrei mit Bulgur

☐ glutenfrei
☑ laktosefrei
☑ reizarm

1 Portion | 10 Min.

4 EL Bulgur
100 g Zucchini
50 g Möhre
2–4 Blätter Basilikum
1 EL Rapsöl

Langsam steigern Sie die Geschmackserlebnisse, indem Sie öfter frische Kräuter verwenden.

◆◆ Den Bulgur in ein Schälchen geben, mit 6 Esslöffeln kochend heißem Wasser übergießen und quellen lassen. Die Zucchini und die Möhre waschen, putzen, Möhre schälen und beide Gemüsesorten fein würfeln. In 3 Esslöffeln Wasser in etwa 15 Min. weich dünsten.

◆◆ Das Basilikum waschen, trocken schütteln und grob hacken. Das Gemüse zusammen mit dem Kochwasser, Basilikum und Öl in ein hohes Gefäß geben, pürieren und unter den gequollenen Bulgur mischen.

Bulgur quellen lassen

Den Bulgur abmessen und in eine Schüssel geben. Wäscht man ihn vorab, dann wird er körniger.

◆ Bulgur mit kochendem Wasser übergießen. ▶

Kartoffelpüree mit gehacktem Mangold

Manche Babys lieben das grüne Gemüse, die anderen lehnen es ab.

◆ Die Kartoffeln mit einer Bürste gründlich reinigen und als Pellkartoffeln etwa 20 Min. kochen. Mangold waschen, dicke Blattrippen herausschneiden und die Blätter tropfnass fein hacken. Das Öl mit dem Wasser in einem kleinen Topf erhitzen und den Mangold darin 2 Min. dünsten. Die Kartoffeln pellen, durch eine Kartoffelpresse drücken und unter den Mangold rühren.

☑ glutenfrei
☑ laktosefrei
☑ reizarm

1 Portion | 10 Min.

200 g Kartoffeln
150 g Blattmangold
1 EL Rapsöl
2 EL Wasser

STUFE 3

2

◆ Bulgur nach Anleitung quellen lassen, etwa 20 Minuten.

▶

3

◆ Der Bulgur ist jetzt schon fertig.

Aprikosen-Bananen-Mus

☑ glutenfrei
☑ laktosefrei
☑ reizarm

1 Portion | 10 Min.
1 Aprikose
⅓ Banane

12 Portionen
500 g Aprikosen
2 Bananen

Bei diesem Obstmus werden meist auch die Eltern schwach.

⬥ Die Aprikosen waschen, mit einem scharfen Messer kreuzweise einschneiden, mit kochendem Wasser übergießen und etwa 2 Min. im Wasser liegen lassen. Die Haut abziehen, die Aprikosen halbieren, entkernen und klein schneiden. Bananen schälen und in Stücke schneiden. Zusammen mit den Aprikosen pürieren, portionieren und einfrieren.

Obstmus »Dreierlei«

☑ glutenfrei
☑ laktosefrei
☑ reizarm

1–2 Portionen | 10 Min.
½ Apfel
½ Birne
1 EL Wasser
⅓ Banane

20 Portionen
500 g Äpfel
500 g Birnen
100 ml Wasser
2 Bananen

Mmmhhh – das schmeckt jedem Baby!

⬥ Die Äpfel und Birnen waschen, schälen, vierteln und die Kerngehäuse herausschneiden. In Spalten schneiden, mit dem Wasser zum Kochen bringen und etwa 10 Min. dünsten. Bananen schälen, in Stücke schneiden und mit dem anderen Obst pürieren. Portionieren und einfrieren.

Haferflockenbrei mit Melone

Sommerlich und leicht stückig

☐ glutenfrei
☑ laktosefrei
☑ reizarm

◆▸ Das Wasser in einem Topf mit den Haferflocken aufkochen und vom Herd nehmen.

◆▸ Die Honigmelone schälen, Kerne entfernen und das Fruchtfleisch würfeln.

◆▸ Melonenstückchen mit Rapsöl zu den Haferflocken geben und mit einer Gabel zerdrücken.

1 Portion | 5 Min.

150 ml Wasser
20 g Haferflocken
150 g Honigmelone (Galia) nach Vorbereitung
1 TL Rapsöl

Reiswaffelbrei mit Mangopüree

Letzte Kauversuche vor dem Brot

☑ glutenfrei
☑ laktosefrei
☑ reizarm

◆▸ Die Reiswaffeln in Stückchen brechen und mit dem lauwarmen Wasser übergießen.

◆▸ Die Mango waschen, schälen und die Hälfte des Fruchtfleisches vom Kern schneiden.

◆▸ Mit dem Rapsöl pürieren und unter die weichen Reiswaffelstücke heben.

1 Portion | 5 Min.

2 ungesalzene Reiswaffeln
100 ml lauwarmes Wasser
½ Mango
1 TL Rapsöl

STUFE 3

Milchreis-Pfirsich-Brei

Jetzt gibt's endlich Milchreis!

☑ glutenfrei
☐ laktosefrei
☑ reizarm

◆ Den Rundkornreis in der Milch aufkochen lassen und auf niedrigster Stufe etwa 20 Min. quellen lassen. Pfirsiche waschen, halbieren, entsteinen und pürieren.

◆ Die Butter unter den noch warmen Milchreis rühren, dann das Pfirsichmus unterheben. Die Hälfte der Portion dem Baby füttern, die andere abgedeckt im Kühlschrank aufbewahren.

2 Portionen | 10 Min.

50 g Rundkornreis
250 ml Vollmilch (3,5 %)
2 Pfirsiche
1 TL Butter

Buchstabensuppe

Eine wunderbare Kindersuppe!

☑ glutenfrei
☐ laktosefrei
☐ reizarm

◆ Lauch waschen, putzen und in feine Streifen schneiden. Möhren und Sellerie schälen, in dünne Scheiben schneiden und diese stifteln. Die Gemüsebrühe zum Kochen bringen, die Buchstabennudeln einstreuen und in 5 Min. gar kochen. Die Gemüsestreifen zur Suppe geben und in 1–2 Min. weich garen.

Für die Eltern: Die Suppe mit Salz und Pfeffer abschmecken, in tiefe Teller geben und heiß servieren.

4 Portionen | 10 Min.

1 dicke Stange Lauch
2 dicke Möhren
200 g Knollensellerie
1 l Gemüsebrühe
80 g Buchstabennudeln

Für die Eltern:

Salz, frisch gemahlener schwarzer Pfeffer

STUFE

4

Kürbissuppe

☑ glutenfrei
☐ laktosefrei
☑ reizarm

Eine leckere Suppe an kalten Herbsttagen

4 Portionen | 10 Min.

1 kg Kürbis,
z. B. gelber Zentner
2 Zwiebeln
2 EL Butter
1 TL Curry
¾ l Gemüsebrühe (Instant)
2 frische Eigelb
200 g Sahne

Für die Eltern:

2 EL Kürbiskerne
2 EL Sesamsamen
Jodsalz, frisch gemahlener
schwarzer Pfeffer

◆ Den Kürbis schälen, von weichen Fasern und Kernen befreien. Das Fruchtfleisch in Würfel schneiden. Die Zwiebeln pellen und fein hacken.

◆ Die Butter in einem großen Topf erhitzen, die Zwiebeln darin andünsten. Den Curry dazugeben und mit den Zwiebeln verrühren. Dann die Kürbiswürfel hineingeben und mit der Brühe ablöschen. Zum Kochen bringen und die Suppe in etwa 15 Min. gar kochen.

◆ Die Suppe mit einem Pürierstab zu einer homogenen Masse pürieren. Die Eigelbe mit der Sahne verrühren und diese Mischung in die nicht mehr kochende, aber heiße Suppe rühren. Für das Baby eine große Portion abschöpfen.

Für die Eltern: Die Kürbiskerne grob hacken und mit dem Sesam in einer beschichteten Pfanne ohne Fett unter Rühren anrösten. Die Suppe mit Salz und Pfeffer abschmecken. Die Kürbissuppe in tiefe Teller geben und Kürbiskerne und Sesamsamen darüber streuen.

Möhren-Grieß-Suppe

Schön mild und sättigend

☐ glutenfrei
☑ laktosefrei
☑ reizarm

❥ Die Zwiebel pellen und fein hacken. Die Möhren waschen, putzen, schälen und in Würfel schneiden. Die Zwiebel im heißen Öl anbraten. Den Grieß und die Möhrenwürfel kurz mit anbraten. Die Brühe angießen und zum Kochen bringen. Das Ganze etwa 12 Min. köcheln lassen und dann pürieren.

4 Portionen | 10 Min.

1 Zwiebel
400 g Möhren
2 EL Rapsöl
30 g Vollkorndinkelgrieß
1 l Gemüsebrühe

Tipp Anstelle von Möhren können Sie auch Pastinaken verwenden.

Tipp Wenn Sie gekörnte Brühen kaufen, schauen Sie sich die Zutatenliste genau an. Die Brühe sollte frei von gehärteten Fetten und dem Geschmacksverstärker Glutamat (E-Nummer 620 bis 625) sein. Idealerweise enthält sie jodiertes Salz.

STUFE

4

Grünkernsuppe

Badisch

☐ glutenfrei
☐ laktosefrei
☑ reizarm

4 Portionen | 10 Min.

300 g Möhren
1 Stange Lauch
100 g Knollensellerie
2 EL Rapsöl
80 g Grünkernschrot
1¼ l Gemüsebrühe
4 EL Petersilie
4 EL Schnittlauch
100 g saure Sahne

Für die Eltern:

Jodsalz, frisch gemahlener
schwarzer Pfeffer

◆ Das Gemüse waschen. Möhren putzen und in
½ cm dicke Scheiben schneiden. Lauch putzen und
in Ringe schneiden. Sellerie schälen und in kleine
Würfel schneiden. Schrot im heißen Öl kurz anrösten und mit der Brühe ablöschen.

◆ Zum Kochen bringen, das Gemüse dazugeben
und in etwa 20 Min. gar kochen. Die Suppe pürieren. Die saure Sahne in die nicht mehr kochende
Suppe rühren und mit den gehackten Kräutern abschmecken. Für das Baby eine Portion abschöpfen.

Für die Eltern: Die Grünkernsuppe mit Salz und
Pfeffer würzen.

Grünkern
zubereiten

Ganzen Grünkern kann
man in Bioläden oder
Reformhäusern manchmal
schroten lassen, falls es
kein Schrot gibt.

◆ Grün-
kernschrot
in heißem Öl
rösten. ➤

2 ◆ Grünkern-
schrot mit
Brühe ab-
löschen. ▶

3 ◆ Grünkern-
schrot etwa
20 Min. quel-
len lassen.

Spirelli mit süßer Tomatensauce

☐ glutenfrei
☑ laktosefrei
☐ reizarm

4 Portionen | 10 Min.

1 Zwiebel
3 Möhren
2 EL Rapsöl
1 Dose geschälte Tomaten
1 TL getrockneter Oregano
300 g Spirelli

Für die Eltern:

Jodsalz, frisch gemahlener schwarzer Pfeffer

Ein schnelles vegetarisches Gericht, das sich gut abwandeln lässt.

❥ Die Zwiebel pellen und fein hacken. Die Möhren waschen, putzen, schälen und fein hacken. Das Öl erhitzen, die Zwiebel darin glasig dünsten. Die Möhren darin anbraten und mit den klein geschnittenen Tomaten und dem Saft ablöschen. Mit Oregano würzen und das Ganze etwas einkochen lassen. Die Spirelli nach Packungsanweisung, jedoch ohne Salz kochen.

Für das Baby: Am Familientisch dem Baby die Spirelli und Sauce auf seinen Teller geben und für die Großen die Sauce mit Salz und Pfeffer abschmecken.

Tipp Diese Sauce kann man für sich auch scharf mit Tabasco, scharfen Gewürzsaucen oder Gewürzmischungen abschmecken.

Spaghetti mit Fleischsugo

☐ glutenfrei
☑ laktosefrei
☐ reizarm

4 Portionen | 10 Min.

1 Zwiebel
1 Knoblauchzehe
400 g Suppengemüse
3 EL Rapsöl
300 g Hackfleisch
400 g Tomaten aus der
Dose
1 TL getrockneter Oregano
300 g Spaghetti

Für die Eltern:

etwas Jodsalz
frisch gemahlener
schwarzer Pfeffer

Dieses Gericht entwickelt sich bei vielen Babys zum Lieblingsgericht.

❯❯ Die Zwiebel und den Knoblauch schälen und fein hacken.

❯❯ Das Suppengemüse waschen, putzen und fein würfeln.

❯❯ Das Öl in einer beschichteten Pfanne erhitzen, Fleisch mit Zwiebel und Knoblauch darin anbraten.

❯❯ Suppengemüse und Tomaten mit Saft hinzufügen. Das Ganze mild und mit wenig Salz würzen und etwa 15 Min. mit geschlossenem Deckel köcheln lassen.

❯❯ Die Spaghetti nach Packungsanweisung, jedoch ohne Salz kochen.

❯❯ Für das Baby die Nudeln am Familientisch sehr klein schneiden und etwas Bolognese darauf verteilen.

Für die Eltern: Das Fleischsugo mit Salz und Pfeffer nachwürzen.

Zucchini-Süßkartoffel-Pfanne

Ruck, zuck für die ganze Familie gekocht und es schmeckt wirklich allen.

☐ glutenfrei
☑ laktosefrei
☐ reizarm

4 Portionen | 10 Min.

500 g Süßkartoffeln
2 kleine Zucchini
400 g junge Möhren
2 kleine Zwiebeln
2 Knoblauchzehen
3 EL Rapsöl
250 ml Hühnerbrühe

Für die Eltern:

1 TL Curry
etwas Jodsalz
schwarzer Pfeffer
1 EL Speisestärke
1–2 EL dunkle Sojasauce

◆ Die Süßkartoffeln waschen, putzen, schälen und in Würfel schneiden und etwa 20 Minuten in leicht gesalzenem Wasser garen.

◆ In der Zwischenzeit die Zucchini waschen, putzen, längs vierteln und in etwa 3 cm lange Stücke schneiden. Die Möhren waschen, putzen, große Möhren halbieren und ebenfalls in 3 cm lange Stücke schneiden. Die Zwiebeln pellen und in Streifen schneiden. Den Knoblauch pellen und fein hacken.

◆ Das Öl in einer großen, hochwandigen beschichteten Pfanne erhitzen, den Knoblauch, die Zwiebeln und das Gemüse hinzugeben und das Ganze kurz anbraten. Dann die Hühnerbrühe angießen und zugedeckt etwa 15 Min. schmoren.

Für die Eltern: Inzwischen die Stärke mit etwas Wasser verrühren, in die kochende Flüssigkeit der Pfanne gießen und aufkochen lassen. Mit Sojasauce, Curry, Salz und Pfeffer mild abschmecken. Die Süßkartoffelwürfel abgießen und zum Schluss unter das vegetarische Pfannengericht heben.

Gemüsereis mit Hackbällchen

Das schmeckt Groß und Klein sowie Alt und Jung.

☑ glutenfrei
☑ laktosefrei
☑ reizarm

4 Portionen | 10 Min.

1 Kohlrabi
250 g Möhren
1 kleine Zucchini
180 g Reis
500 ml Gemüsebrühe
400 g Hackfleisch (halb und halb)
2 EL Rapsöl
Jodsalz, frisch gemahlener schwarzer Pfeffer

❯❯ Kohlrabi und Möhren waschen, putzen, schälen und in feine Würfel schneiden. Zucchini waschen, putzen und fein würfeln. Den Reis zusammen mit der Gemüsebrühe zum Kochen bringen. Das Gemüse in den kochenden Reis geben und darin garen.

❯❯ Für etwa 3 Bällchen Hackfleisch abnehmen und formen. Das restliche Hackfleisch mit Salz und Pfeffer würzen und ebenfalls kleine Bällchen formen. Das Öl erhitzen und die Hackbällchen darin anbraten. Die Hackbällchen zum Gemüsereis servieren.

Für das Baby: 1 Portion Gemüsereis und die nicht gewürzten Hackbällchen für das Baby beiseitenehmen und den restlichen Gemüsereis salzen und pfeffern.

Hackfleisch

Bitte immer noch am selben Tag verwenden, da ansonsten die Gefahr der Salmonellose besteht.

◆ Hackfleisch abnehmen. ▶

Kürbis-Kartoffel-Bällchen

Schmeckt auch kalt!

☐ glutenfrei
☐ laktosefrei
☑ reizarm

❥ Kartoffeln schälen, Kürbis putzen und beides auf einer Gemüseraspel raspeln. Dann das Ei und Maismehl hineinrühren. Parmesan, Salz und Petersilie untermengen.

❥ Das Öl in einer beschichteten Pfanne erhitzen, mit einem Esslöffel walnussgroße Bällchen abstechen und ins Fett geben, dabei etwas andrücken. Von beiden Seiten etwa 3 Minuten braten.

❥ Die Bällchen auf einem Küchenkrepp entfetten. Dem Kind warm oder kalt servieren.

16 Stück | 10 Min.

150 g Kartoffeln
125 g Kürbis,
z. B. Hokkaido
1 Ei
20 g Maismehl
30 g frisch geriebener
Parmesan
½ TL Jodsalz
4 EL frisch gehackte glatte
Petersilie
3 EL Rapsöl

◆ Hack-
fleisch zu
Bällchen
formen. ▶

◆ Hackbäll-
chen braten.

STUFE

4

Gemüsewaffeln

☐ glutenfrei
☐ laktosefrei
☑ reizarm

Ideal für zwischendurch.

12 Stück | 10 Min.

125 g Dinkelvollkornmehl
125 g Weizenmehl
(Type 550)
2 Eier
250 ml Vollmilch,
3,5 % Fett
200 g Lauch
1 Zwiebel
200 g Möhren
200 g Kohlrabi
Mineralwasser
1 TL Jodsalz
Pfeffer
Paprika
Öl für das Waffeleisen

◆◆ Mehl, Eier und Milch zu einem Teig verrühren. Gemüse waschen, putzen und Möhren und Kohlrabi auf einer Gemüseraspel raspeln, Lauch in feine Streifen schneiden und Zwiebel hacken. Alles Gemüse unter den Teig heben.

◆◆ Mit Mineralwasser zu einem zähflüssigen Teig verrühren. Mit Salz, Pfeffer und Paprika würzen.

◆◆ Das Waffeleisen aufheizen, einfetten und die Waffeln backen.

Tipp Die Waffeln können Sie gut einfrieren, einzeln auftauen und dem Kind ein einzelnes Waffelherz zum Naschen geben.

Waffelteig zubereiten

Ist das Gemüse erst einmal geraspelt und fein geschnitten, muss es nur noch unter den Teig gehoben werden.

◆ Gemüse raspeln bzw. fein schneiden. ►

Heidesand

Nach 1 Jahr darf es dann endlich auch mal etwas Süßes sein – am besten selbst gebacken!

☐ glutenfrei
☐ laktosefrei
☑ reizarm

80 Stück | 10 Min.

250 g Butter
200 g Zucker
Mark von ½ Vanilleschote
1 Prise Salz
350 g Mehl (Dinkelmehl, Weizenvollkornmehl)
grober Zucker zum Wenden

▸▸ Die Butter in einem Topf schmelzen und dabei goldbraun bräunen. In einer Rührschüssel über Nacht abkühlen lassen. Mit Zucker, Vanillemark und Salz schaumig rühren.

▸▸ Anschließend das Mehl mit den Knethaken unterkneten. Zwei Rollen von etwa 5 cm Durchmesser formen. Die Rollen in grobem Zucker wenden, in Alufolie einwickeln und über Nacht kühl stellen.

▸▸ Etwa 30 Min. nachdem die Rollen aus dem Kühlschrank genommen wurden, in 4 mm dicke Scheiben schneiden und auf mit Backpapier belegte Bleche legen. Den Backofen auf 160 Grad vorheizen und die Plätzchen auf mittlerer Schiene recht hell etwa 10 Min. backen.

2

◆ Geraspeltes Gemüse unter den Teig heben und mit Mineralwasser verrühren.

3

◆ Waffeln im Waffeleisen ausbacken.

STUFE

4

Heidelbeermuffins

Zum ersten Geburtstag mit kleiner Kerze
dekoriert der Hit!

☐ glutenfrei
☐ laktosefrei
☑ reizarm

▸ Den Backofen auf 180° C vorheizen. Die Papierförmchen in die Vertiefung des Blechs setzen. Die Heidelbeeren verlesen, abbrausen und gut abtropfen lassen.

▸ Eier, Zucker, Vanille und Rapsöl mit dem den Quirlen des Handrührgeräts verrühren, den Joghurt unterrühren. Mehl, Haferflocken, Backpulver und Natron vermischen und unter die Eiermasse rühren.

▸ Heidelbeeren unterheben und den Teig in die Vertiefungen füllen. Auf mittlerer Schiene 20–25 Minuten backen.

12 Stück | 10 Min.

200 g Heidelbeeren
2 Eier
160 g Zucker
½ TL gemahlene Vanille
120 ml Rapsöl
300 g Naturjoghurt,
3,5 % Fett
200 g Mehl (Type 1050)
75 g kernige Haferflocken
2 TL Backpulver
½ TL Natron

STUFE

4

Bibliografische Information der Deutschen Nationalbibliothek

Die Deutsche Nationalbibliothek verzeichnet diese Publikation in der Deutschen Nationalbibliografie; detaillierte bibliografische Daten sind im Internet über http://dnb.d-nb.de abrufbar.

Programmplanung: Uta Spieldiener
Bildredaktion: Christoph Frick

Umschlaggestaltung und Layout:
CYCLUS · Visuelle Kommunikation, Stuttgart

Bildnachweis
Umschlagfoto: fotolia
Fotos im Innenteil: Stefanie Bütow, Hamburg, und Foodstyling Sarah Trenkle, Hamburg

4. überarbeitete Auflage 2018

© 2018 TRIAS Verlag in Georg Thieme Verlag KG, Rüdigerstr. 14, 70469 Stuttgart

© 1.–3. Auflage 2007, 2010, 2014 TRIAS Verlag in MVS Medizinverlage Stuttgart GmbH & Co. KG Oswald-Hesse-Straße 50, 70469 Stuttgart

Printed in Germany

Satz und Repro: CYCLUS · Media Produktion, Stuttgart
gesetzt in Adobe Indesign CS6
Druck: AZ Druck und Datentechnik GmbH, Kempten

Gedruckt auf chlorfrei gebleichtem Papier

ISBN 978-3-432-10770-7   1 2 3 4 5 6

Auch erhältlich als E-Book:
eISBN (ePub) 978-3-432-10771-4

Besuchen Sie uns auf facebook!
**www.facebook.com/
mama.mag.trias**

Liebe Leserin, lieber Leser,

hat Ihnen dieses Buch weitergeholfen? Für Anregungen, Kritik, aber auch für Lob sind wir offen. So können wir in Zukunft noch besser auf Ihre Wünsche eingehen. Schreiben Sie uns, denn Ihre Meinung zählt!

Ihr TRIAS Verlag

E-Mail Leserservice
kundenservice@trias-verlag.de

Lektorat TRIAS Verlag
Postfach 30 05 04
70445 Stuttgart
Fax: 0711 89 31-748